目录

第一章　幼儿园生活活动概述

案例

在对连江县凤城中心幼儿园近5年的家长问卷进行数据分析的过程中，研究者发现家长普遍关心的几个问题全部是关于幼儿在园生活方面的问题。相对于幼儿园的教育教学，家长更加关注幼儿在园的生活。

连江县凤城中心幼儿园2018—2022年家长关心的问题

幼儿在园喝水情况	幼儿在园进餐情况	幼儿在园午睡情况	幼儿在园如厕情况	幼儿在园疾病等特殊照料情况
95%	92%	85%	80%	76%

以上案例说明，家长关注幼儿在幼儿园一日生活中生活方面的问题，包括饮食起居等，因此，幼儿园一日生活中生活活动的重要性不言而喻。

《3～6岁儿童学习与发展指南》（以下简称《指南》）中提出："要珍视游戏和生活的独特价值，创设丰富的教育环境，合理安排一日生活，最大限度地支持和满足幼儿通过直接感知、实际操作和亲身体验获取经验的需要，严禁'拔苗助长'式的超前教育和强化训练。"幼儿园教育不但要注重幼儿的学习活动，更要注重幼儿的生活活动，要明确树立幼儿园"一日生活皆课程"的理念。什么是幼儿生活活动？如何合理安排幼儿园一日生活的生活活动？幼儿园应该如何挖掘生活活动的独特教育价值？这些问题值得教育工作者深思。

自《指南》颁布至今，农村以及一些民办幼儿园的保教人员中还存在对《指南》认识不足、对幼儿园教育认识片面的倾向。有的幼儿园还是简托，幼儿在园没有点心、进餐、午睡等环节，生活活动环节不完整。一些保教人员对幼儿园的生活活动环节认识不到位、操作不规范，没有真正认识到生活活动的教育价值。本章详细论述幼儿园生活活动的定义、意义以及活动的安排与组织。

第一节 幼儿园生活活动的定义

一、什么是幼儿园的一日生活

生活是指为生存与发展而进行的各种活动，也是人类生命所有的日常活动和经历的总和。幼儿园的一日生活是指幼儿从入园到离园的整个过程，是幼儿园每天进行的所有的教育活动。它主要包括四个方面的活动，即生活活动、运动活动、游戏活动和学习活动。

生活活动，指活动中的生活环节和一些每天都要进行的日常活动，包含保育和教育。

运动活动，包括早操、体育游戏、体育自选活动、散步、劳动等。

游戏活动，是幼儿最喜欢的活动。没有不玩游戏的幼儿，也没有不喜欢游戏的幼儿。现有的幼儿园游戏主要包含角色游戏、表演游戏、建构游戏等。

学习活动，从严格意义上来说，幼儿园一日生活的过程都是幼儿的学习活动。一般所指的幼儿园学习活动，主要包括集中教育活动、区域活动。

链 接

连江县凤城中心幼儿园小一班第九周工作计划表（示例）

教师：　　　　　　　　　　　　时间：

运动	1. 早操：引导幼儿认真听音乐，愉快地跟老师做动作。 2. 体育游戏：(1) 练习爬行——乌龟请客；(2) 按照指令四散跑——网鱼。 3. 自选活动：提供飞镖、三轮车、跳圈等，让幼儿选择并自主游戏。	
区域活动	阅读屋： 1. 我的全家福：提供幼儿的全家福，引导幼儿介绍自己的家庭。 2. 我认识的水果：提供幼儿去水果超市拍的照片，引导幼儿介绍水果。 娃娃家： 1. 我会晒衣服：提供幼儿的衣服，引导幼儿学会晒衣服。 2. 我是小厨师：提供各种仿真食材，引导幼儿烹饪各种“食物”。 操作区： 1. 钓鱼：提供钓鱼玩具，引导幼儿手眼协调地“钓鱼”。 2. 走迷宫：提供迷宫板，引导幼儿走迷宫。 美术创作： 1. 五颜六色的水果：提供多种水果简笔画，引导幼儿装饰五颜六色的水果。 2. 做巧克力：提供橡皮泥、巧克力盒子，引导幼儿用搓圆的方式制作“巧克力”。 建构天地： 1. 纸砖真能干：提供纸砖若干，引导幼儿利用纸砖进行搭建。 2. 盒子搭建：提供盒子，引导幼儿利用盒子搭建自己喜欢的物品。	
集中教育活动	主题活动“香甜的水果”：分题“水果一家子”之下的活动“我爱吃的水果”	领域活动： 健康：多喝开水（生活自理） 语言：大熊猫在干什么？（讲述活动） 情景阅读：我现在有点忙（1） 艺术：小手拍拍（音乐游戏） 秋天的大苹果（绘画） 秋天的树（手工）

续表

游戏活动	建构游戏：枪（3） 表演游戏：拔萝卜（2）、小公鸡和小鸭子 角色游戏：商店（1）、娃娃家
生活	教育幼儿洗手前要卷起袖子，不要把衣服弄湿。

二、什么是幼儿园的生活活动

生活活动是幼儿园一日生活中的一部分，是幼儿园一日活动中的生活环节，是指满足幼儿基本生理需要、帮助幼儿养成良好生活习惯、提高幼儿自理能力的活动。生活活动主要包括入园、离园、餐点、饮水、盥洗、如厕、午睡、散步等常规性生活活动。合理、有序的生活活动，蕴含着丰富的教育价值，能满足幼儿基本的生理和心理需要，帮助幼儿建立良好的生活秩序和习惯；能提高幼儿的自理能力，增强幼儿的自信心并让幼儿获得心理上的安全感和成就感。

（一）入园

入园是幼儿园生活活动的第一个环节，是幼儿从家庭到幼儿园的环境转换的环节。组织好入园环节，有助于增进家园沟通，帮助幼儿适应环境的变化，让幼儿感受幼儿园的温暖，以愉快的心情开始幼儿园一天的生活。

（二）饮水

水是构成人体组织的重要物质。正因为水在人体中具有无可替代的作用，幼儿在幼儿园中是否主动喝水、每天的喝水量是否适宜，直接影响他们身体的正常发育和健康成长。

（三）盥洗

盥洗是幼儿生活活动中的一个重要环节，有利于保持幼儿毛发、皮肤整洁，维持皮肤正常功能的发挥，减少皮肤被汗液、灰尘等污染的机会，提高皮肤的抵抗力，维护身体健康。同时，盥洗还可以培养幼儿爱清洁、讲卫生的好习惯，提高幼儿的生活自理能力和独立性。

（四）餐点

6 岁前是幼儿身心发展最为迅速的时期。这个时期的幼儿生长发育、新陈代谢旺盛，每天必须从膳食中摄取充足的蛋白质、维生素等营养物质，才能满足机体的正常发展需要。如果幼儿在该时期摄入的营养物质不足，就会阻碍身体发育，出现体重过低、抵抗力低下、生长发育迟缓等现象，甚至对智力发育也产生不良的影响。因此，保教人员应正视餐点对幼儿的重要性，保证幼儿摄入的营养全面、合理。

3～6 岁的幼儿一般正餐间隔时间为 3.5～4 小时，每天进餐的次数为三餐二点，每餐进餐时间不得少于 30 分钟。

（五）如厕

人的排泄物中含有一些有毒物质，及时代谢废物、排出体内的毒素，有利于身体的健康。保教人员平时应通过观察幼儿大小便，及时发现异常，并协助家长或者医生诊断与治疗。

（六）午睡

睡眠对幼儿的健康十分重要。睡眠是大脑皮层的抑制过程，它能让幼儿的脑力、体力消耗得到恢复，对神经系统起到保护作用。睡眠时机体的新陈代谢缓慢，能量消耗少，有利于各种重要脏器功能的恢复，尤其是睡眠的时候人体分泌大量激素，有助于促进骨骼生长和大脑皮质的发育。幼儿每天需要 11～12 小时的睡眠时间，其中午睡时间一般为 2 小时左右（夏天 2.5 小时，春、秋、冬 2 小时）。充足的睡眠有利于幼儿食欲的提高、情绪的愉悦，从而促进幼儿生长发育，保证幼儿身体健康。因此，保教人员应保证幼儿有充足的午睡时间和良好的午睡质量。

（七）离园

离园是幼儿一日生活中的最后一个环节。离园意味着幼儿一日集体生活结束，要离开幼儿园回到家里。经过一天丰富多彩的生活，幼儿获得了诸多的感受和体验。教师应利用离园前的短暂时光，有计划地组织幼儿进行离园整理，包括情绪情感的整理、仪容仪表的整理和离园物品的整理等，帮助幼儿梳理一天的活动和收获，这对幼儿获得情感认知和情绪体验、提高自我服务技能和生活自理能力等都有重要的意义。

（八）过渡环节

除以上活动外，幼儿园一日生活中还有一个起着“串珠成链”作用的重要环节——过渡环节。它主要是指幼儿由一个活动过渡到另一个活动的过程。过渡环节可以让幼儿在宽松、自然、有序的环境中，自主地完成要做的事情，为下一个活动做好准备，养成有序生活的良好习惯。① 合理地利用过渡环节，既能减少幼儿的等待时间，又能发挥过渡环节的教育作用。比如餐前、餐后、起床后至户外活动前，教师可利用这些过渡环节为幼儿提供学习的机会，如念儿歌、做手指游戏等。

链　接

目标 1　具有良好的生活与卫生习惯②

3～4 岁	1. 在提醒下，按时睡觉和起床，并能坚持午睡。 2. 喜欢参加体育活动。 3. 在引导下，不偏食、挑食。喜欢吃瓜果、蔬菜等新鲜食品。 4. 愿意饮用白开水，不贪喝饮料。 5. 不用脏手揉眼睛，连续看电视等不超过 15 分钟。 6. 在提醒下，每天早晚刷牙、饭前便后洗手。
4～5 岁	1. 每天按时睡觉和起床，并能坚持午睡。 2. 喜欢参加体育活动。 3. 不偏食、挑食，不暴饮暴食。喜欢吃瓜果、蔬菜等新鲜食品。 4. 常喝白开水，不贪喝饮料。 5. 知道保护眼睛，不在光线过强或过暗的地方看书，连续看电视等不超过 20 分钟。 6. 每天早晚刷牙、饭前便后洗手，方法基本正确。

① 夏艺珊主编：《幼儿园一日生活组织与指导》，中国轻工业出版社 2017 年版，第 5 页。

② 中华人民共和国教育部：《3～6 岁儿童学习与发展指南》，首都师范大学出版社 2012 年版，第 11～12 页。

续表

5～6 岁	1. 养成每天按时睡觉和起床的习惯。 2. 能主动参加体育活动。 3. 吃东西时细嚼慢咽。 4. 主动饮用白开水，不贪喝饮料。 5. 主动保护眼睛。不在光线过强或过暗的地方看书，连续看电视等不超过 30 分钟。 6. 每天早晚主动刷牙，饭前便后主动洗手，方法正确。

目标 2 具有基本的生活自理能力①

3～4 岁	1. 在帮助下能穿脱衣服或鞋袜。 2. 能将玩具和图书放回原处。
4～5 岁	1. 能自己穿脱衣服、鞋袜，扣纽扣。 2. 能整理自己的物品。
5～6 岁	1. 能知道根据冷热增减衣服。 2. 会自己系鞋带。 3. 能按类别整理好自己的物品。

第二节 幼儿园生活活动的意义

幼儿园管理者与保教人员要充分认识生活活动在幼儿园教育中的重要性，因为它不仅关系到幼儿的健康成长，还是幼儿最重要的学习内容和学习途径。3～6 岁是一个人形成各种良好习惯的关键时期。幼儿年龄小、可塑性大，如果能在这个关键时期形成良好的生活习惯，对他一生的发展将产生积极、持久的影响。因此，促进幼儿健康生活方式的形成，以及良好生活与行为习惯的养成尤为重要。

① 中华人民共和国教育部：《3～6 岁儿童学习与发展指南》，首都师范大学出版社 2012 年版，第 13 页。

一、合理安排幼儿园一日生活的意义

幼儿园生活活动贯穿于幼儿园一日生活中，因此，了解幼儿园生活活动的意义，应从了解幼儿园一日生活的意义开始。《指南》强调，“要珍视游戏和生活的独特价值，创设丰富的教育环境，合理安排一日生活，最大限度地支持和满足幼儿通过直接感知、实际操作和亲身体验获取经验的需要”。合理的幼儿园一日生活安排，具有“可预测性”的特点，因而教师应该把班级日常工作的重心转移到对幼儿发展有重要价值的一日生活上来。合理地安排幼儿在园的一日生活，具有以下重要的意义。

（一）有助于幼儿养成健康的生活方式

如何引导幼儿养成健康的生活方式呢？《指南》健康领域“生活习惯与生活能力”有三个目标——“具有良好的生活与卫生习惯”“具有基本的生活自理能力”“具备基本的安全知识和自我保护能力”。

幼儿拥有健康的生活方式是非常重要的。幼儿在幼儿园午睡环节、餐点环节如果能克服不良习惯，很好地养成按时休息、按时进餐等习惯，就会逐渐形成遵守制度、纪律的倾向。幼儿在养成良好生活习惯的过程中，个性也随之形成和发展，这对他们的成长非常重要。

（二）有助于幼儿规则感和秩序感的形成

安排有序、连贯的一日生活，能使幼儿在身体和情绪的转换中感到舒适和安全，减少由环境转变带来的焦虑、紧张，从而在有序生活的过程中感到自信和从容。有序的一日生活，不应只是“时间序列上的活动安排”，更应作为幼儿园教育的重要组成部分。它直接影响师幼互动的性质、方式与质量，影响幼儿能感受和体验到的心理环境。

（三）有助于促进幼儿的主动学习

合理、有序的一日生活安排，能让幼儿对自己的生活有大致的了解，知道每天的各个环节将要发生什么、将要做什么，这样有利于幼儿的自我规划，方便幼儿主动选择、参与活动。

（四）有助于促进幼儿的社会交往

合理、有序的一日生活，能为幼儿提供多种不同的社会交往机会。在一些自由活动的时间里，幼儿会选择与自己的同伴聊天、玩玩具，共同商讨将要参与的活动规则，进行分享、合作，甚至能自行解决冲突等。合理、有序的一日生活，对幼儿的社会交往能力发展有一定的促进作用。

（五）为教师提供观察和调整计划的契机

当有序的一日生活安排（常规）内化为幼儿自己的行动准则后，幼儿便能够更加自如地在“我可以掌控的我的生活”中进行学习。这将为教师提供观察幼儿真实表现和发展水平的绝佳机会。教师因此有了在观察基础上设计、调整教育计划的有利契机。

二、生活活动与幼儿独立生活能力、劳动习惯的培养

幼儿身体的各个器官尚未发育成熟，各个组织比较柔嫩，身体素质有待提高。幼儿时期又是生长发育迅速、新陈代谢旺盛的时期。由于幼儿缺乏独立生活和自我保护的能力，因此，他们既需要保教人员的悉心照顾，又需要保教人员的帮助和指导，从而养成良好的生活习惯，建立良好的生活秩序。

幼儿从家庭进入幼儿园，所感受到的变化是巨大的。对刚入园的小班幼儿来说，幼儿园的一切都是陌生的。他们正式加入集体生活后，由家庭的“中心成员”变成了幼儿园里众多幼儿中的一员。因此，应培养幼儿一定的独立生活能力，使其尽快地熟悉、适应集体生活和学习环境。

现在的幼儿生活自理能力较差，生活技能水平低，劳动观念薄弱。一些幼儿入园之前几乎不会自己吃饭穿衣。因此，从小培养幼儿生活自理能力、劳动习惯具有重要意义。

首先，幼儿园的生活活动，可以培养幼儿“自己的事情自己做”的能力与习惯。例如入园之后，小班幼儿就要学会自己如厕、洗手、吃饭、睡觉、穿脱衣服等，在这一过程中他们的生活自理能力将得到提高。其次，幼儿园的生活活动，有助于幼儿劳动习惯的形成。例如，幼儿餐前帮忙分发餐具、餐后参与整理餐具，照料自然角、为植物浇水，整理图书、收拾玩具架等，都能很好地

培养幼儿的劳动习惯，增强幼儿动手做事、克服困难的能力和信心。同时，幼儿在为他人服务的劳动中，也会形成为别人做事、为大家做事的良好意识。

三、生活活动与幼儿良好心理素质的培养

一个幼儿如果只是生理上体格健壮、肌肉发达而心理上情绪紧张、性格怪僻或缺乏社会适应能力，也不是一个健康的幼儿。

幼儿园的生活活动，可以培养幼儿良好的心理素质。首先，合理、有序的生活活动不仅有益于幼儿身体的健康，还有利于幼儿心理素质的培养；其次，幼儿园为幼儿创设良好的生活氛围，能够让幼儿体验安全和温暖的环境，保持愉快的情绪。

四、生活活动与幼儿的学习、发展

由于幼儿的学习是以直接经验为基础，在游戏和日常生活中进行的，因此，教师应该充分重视幼儿在园生活活动的各个环节的学习与发展。

（一）开展入园签到活动

为了更好地进行幼小衔接，帮助幼儿了解小学生的作息时间，逐步建立准时到校的时间观念，教师可以在早上入园时设置入园签到表，引导幼儿记录自己到园的时间，既培养幼儿的时间观念，又有利于提高幼儿认识时钟的技能。为了更好地完成这个环节，教师可以开展一系列的活动：首先，组织幼儿参观小学，知道小学的作息时间和幼儿园不一样。其次，通过谈话活动，帮助幼儿了解时间的重要性，引导幼儿统计班级迟到幼儿的人数，了解班级迟到现象，明白早睡早起身体好的道理。再次，引导幼儿通过认识半点与整点，学会看时钟和电子钟。最后，支持幼

图 1-1　幼儿签到

金教鞭

儿与同伴一起设计签到表，学会记录时间等，让幼儿学会管理时间，提高责任感，让幼儿明白守时是一种良好的品质，今后要做一个守时的人。

（二）设置自助点心活动

图 1-2　自助点心活动 1

图 1-3　自助点心活动 2

近年来，教师越来越注重幼儿自主性的培养，因此，很多幼儿园已经尝试把幼儿的点心环节设置为自助点心。一方面，吃点心的时间可以自主选择，因为有些幼儿早餐吃得晚，不饿，食欲不强，勉强他们吃是吃不下的。教师可以在规定的弹性时间内让幼儿自由选择吃点心的时间，由保育员观察与统计。另一方面，幼儿园在点心样式的提供方面也尊重每个幼儿的口味，会多提供几种可选择的点心，方便幼儿自主选择。

对于挑食、偏食的幼儿，在自助点心活动中教师不仅要考虑点心的口味，还要有意识地对点心类型、粗细进行合理搭配，使幼儿在自主选择的同时保证营养的均衡摄入，同时兼顾幼儿的主、辅食搭配情况，以便有效引导幼儿更健康地进食，改正挑食、偏食的不良行为，培养良好的生活习惯。

（三）合理安排各项活动

所谓合理安排各项活动，是指尽可能将一些活动集中在一起进行。比如，有的幼儿园常常在早餐后的第一次集体活动结束时安排做操，并且在近中午时再次安排户外活动，这就造成幼儿频繁上下楼和进出活动室。对此，幼儿园可以将课间操与上午的户外活动集中起来进行，先做操，然后再进行户外活动。这样就减少了幼儿上下楼和进出活动室的频次，从而缩短了过渡的时间，也在一定程度上减少了不安全因素。（当然，如果幼儿入园早，早操最好还是在早餐前进行。幼儿入园后可以先在户外活动，做完操后再进活动室。）同样，下午幼儿起床后也只要安排一次户外活动（将起床后的律动或小型运动安排在户外活动中进行），并且将幼儿的午点安排在户外活动后。这样，既可以让幼儿较好地享用午点，又能保证幼儿有较充分的户外活动。

（四）合理利用过渡环节

一日活动中，总有一些必要的过渡环节，比如餐前、餐后以及起床后至户外活动前等。合理地利用这些过渡环节，既能减少幼儿的等待时间，又能发挥它们的教育作用。

1. 早餐后。由于幼儿不可能在同一时间吃完早餐，所以一定会有一些等待时间。教师可以在一些幼儿吃完早餐后就安排谈话活动。这是一个与幼儿闲聊的时间，可以涉及他们生活的各个方面，如电视节目、玩具、来园的方式等。等到所有幼儿就餐完毕，就可以开始有计划的学习了。（有计划的学习应从与幼儿一起制订计划开始，而一些幼儿园教师将谈话时间安排在全体幼儿就餐以后，就会造成部分幼儿餐后等待的情况。）

2. 户外活动前。室内活动后至户外活动前，由于幼儿动作速度不一致，会出现等待的情况。在这段时间里教师可考虑安排一些小型的音乐活动，如唱歌、律动等，使排队等待的幼儿有事做，待所有幼儿都到齐后再统一安排活动。

3. 户外活动后。户外活动后幼儿要洗手、换衣服等，就会出现等待的情况。户外活动后幼儿都比较累，所以这段时间不宜进行运动量大的过渡活动，如大声唱歌、念儿歌、律动等，应考虑让幼儿进行一些安静的活动，如全班幼儿听音乐或教师读书给幼儿听。有计划地利用这段时间，能使幼儿接触较多的音乐和文学作品。

幼儿园课程回归生活，要求教师充分重视幼儿在园生活活动的各个环节的学习与发展，将课程与幼儿一日生活紧密联系。幼儿园课程回归生活，既不是让幼儿教育变成生活训练，也不是将幼儿教育等同于日常生活，而是承认、尊重生命存在和生命成长的现实需求，让幼儿在一个能彰显其主体性的环境中生活和学习。课程生活化的本质是使幼儿真正处于一个自己需要、兴趣可能得到满足，潜能可能得到充分发挥的世界里，使幼儿的生命更具有活力，使幼儿得到更好的成长。

幼儿的学习与发展蕴藏在幼儿园生活活动的各个环节之中，教师应该更好地去了解幼儿、解读幼儿的行为，针对不同的活动采取相应的教育措施。《幼儿园教育指导纲要（试行）》（以下简称《纲要》）中指出：“幼儿园应为幼儿提供健康、丰富的生活和活动环境，满足他们多方面发展的需要，使他们在快乐的童年生活中获得有益于身心发展的经验。”“快乐的童年生活”最现实的表现就是幼儿每一天的具体的愉快生活，这是判断、衡量他们学习和发展状况的重要依据之一。因此，教师不能把生活活动看成是仅满足幼儿渴了要喝水、饿了要吃东西等生理需要的过程，而要视其为使幼儿的相关能力逐步得到提高的学习过程，让幼儿在集体生活中感到安全、温暖、愉快，获得各方面的发展。从这个意义上说，幼儿教育的重要目的就是让他们愉快地度过在幼儿园的每一天，为个人的终身发展打下坚实的基础。

第三节　幼儿园生活活动的安排与组织

一、生活活动安排与组织的基本原则

幼儿园生活活动贯穿于幼儿园一日生活中，与学习活动、游戏活动等密切相关。因此，它的安排与组织应从一日生活的整体角度考量，即遵循幼儿园一日生活安排与组织的基本原则。

（一）创设温馨、安全、有序的环境

幼儿园的保教人员应创设温馨、安全、有序的环境，让幼儿在一日生活中感到愉快、温馨、安全、有序，这样幼儿才愿意主动、积极地学习和参与各种活动。幼儿园环境包括幼儿直接生活与游戏的活动室环境和户外环境。

温馨的环境，就是要求保教人员注重营造幼儿与同伴以及与保教人员间相互尊重、爱护、帮助的友好合作氛围，以积极的心态关心和了解每一个幼儿，主动与幼儿交流，热情回应幼儿的不同需要。

安全的环境，就是要求保教人员同时保障物质环境和心理环境的安全。其中，安全的物质环境体现在：凡是有幼儿进入的场所，都应有成人看护，保障幼儿的人身安全；保证活动室、户外活动场地和各种活动材料的卫生；保证幼儿所使用的各种材料、玩具、工具、器械等符合国家规定的安全标准，确保不存在任何安全隐患。安全的心理环境体现在：让幼儿按自己的兴趣、意愿和需要选择活动，自由地进行探索、交往和表达；允许幼儿在不违反生活常规的前提下，以自己的方式进行游戏和探究。

有序的环境，就是要求保教人员做到：制订幼儿能理解的并符合幼儿年龄特点的规则，如进入活动区的规则，帮助他们有序地开展活动；环节过渡要自然、有序、安全；成人之间应相互配合，共同做好一日生活的组织和指导。

（二）常规安排应注意稳定性与灵活性相结合

首先，常规安排应具有一定的稳定性。幼儿园保教人员应根据本园实际情况和幼儿生理、心理发展需要，制订科学、合理、稳定的生活制度与常规，保证幼儿有规律地生活与游戏，避免幼儿因不必要的紧张、忙乱而产生失控感和不安全感；应相对稳定地执行作息制度，使每个幼儿知道每日日程的基本安排，形成初步的生活节奏感，为接下来的活动做好心理准备；应尽可能地减少环节转换。

其次，常规安排应具有相对的灵活性。一日生活安排在保持稳定性的同时，还应根据幼儿活动的实际情况（表现、进程、需求等）灵活调整：一方面，遇到特殊情况或需要时，可适当调整日程安排，但要事先告知幼儿，以使他们有心理准备，避免其情绪产生太大波动；另一方面，在具体的活动环节中，可根据幼儿的反应和表现适当地缩短或延长某个活动的时长。

（三）幼儿的自主活动与教师组织的活动保持平衡

幼儿的自主活动和教师组织的活动是幼儿园的主要活动。其中，教师组织的活动应包括晨谈、教育活动、离园准备等。

幼儿的自主活动与教师组织的活动，在时间安排上应保持一定的平衡。这要求：保证幼儿有足够的时间和场地进行自主游戏；教育活动尽可能地采用小组活动，让幼儿有充分的表达和表现机会，应注意观察、了解每个幼儿的需要并积极做出回应；应根据幼儿学习的特点和需要采取适宜的组织方式（集体、小组、个别），并在活动中尽可能让幼儿主动探索和游戏。

二、生活活动安排与组织的注意事项

（一）注重效益与整体

幼儿园生活活动中各项活动的安排与组织，应充分发挥活动间的互补作用，做到在生活中学习、在生活中发展。为此，幼儿园管理者与保教人员应树立生活活动安排与组织的效益观和整体观。

幼儿园教育的目的，决定了幼儿园生活活动不能完全等同于幼儿在家的生活活动。因此，幼儿园教育必须注重生活活动安排与组织的效益——要促进幼儿身心全面和谐发展（根本目的）。相应地，教师的角色既不是家长，也不是一般意义上的同伴，而是“以专业的眼光赋予学习者和学习以价值的人”。

生活活动中各项活动教育价值的充分发挥，取决于各活动的有机配合，即追求“整体大于部分之和”。因此，有效地安排生活活动，应从整体观出发，有机地整合各项活动，努力提高各项活动的整体成效；不应只注重每个活动环节的精细打磨，应跳出细节，关注如何“串珠成链”，让生活活动的教育价值得到最大限度的发挥。

（二）注重班级保教人员之间的配合

班级保教人员在生活活动安排与组织时要相互配合，体现教育的一致性。保教人员之间配合不当，不仅会导致幼儿生活安排无序，还不利于幼儿产生控制感和安全感。

（三）帮助幼儿了解生活常规及其变化

如前所述，幼儿了解与熟悉稳定的一日生活常规，有助于幼儿控制感和安全感的建立。在一日生活常规的建立与执行过程中，保教人员应注重赋予幼儿这个“小主人”以足够的“知情权”。为此，幼儿入园初期，教师应花时间向幼儿介绍和讲解一日生活制度和常规，还应在常规调整和变化前告知幼儿。

（四）逐步引导幼儿学会自我安排

幼儿是学习与发展的主人。这一理念体现在生活活动的安排与组织中，就是要求保教人员尊重幼儿的主体性，从外在规定和约束向调动幼儿内驱力转变。为此，保教人员应帮助幼儿将生活制度和常规内化，引导幼儿逐步从外在的控制与管理向有效的自我安排与管理转变，使幼儿真正成为自己生活的掌控者。

三、生活活动安排与组织的要领

（一）接待

首先，保教人员应以热情、亲切的态度接待幼儿，每天安排幼儿在门口披上“礼仪小天使”的绶带，向前来的家长和幼儿问好，培养幼儿的文明礼仪；师幼间相互问好，保教人员应用热情的态度感染幼儿，使幼儿喜欢保教人员和幼儿园。

其次，幼儿每天入园时，保教人员要引导幼儿做好入园登记。保教人员可以与幼儿亲切交谈，有计划地进行个别教育，及时发现幼儿的进步和优点，并给予肯定和鼓励。

最后，保教人员应有礼貌地向家长问好，充分利用入园的这个时机，向家长了解幼儿在家的情况，听取家长的意见和要求，做好家园沟通。

图 1-4　礼仪小天使

（二）晨检

晨检要求：幼儿入园后，须在园门口接受保健医生和值班教师的晨间检查。

晨检内容：一摸，二看，三问，四查，五防。

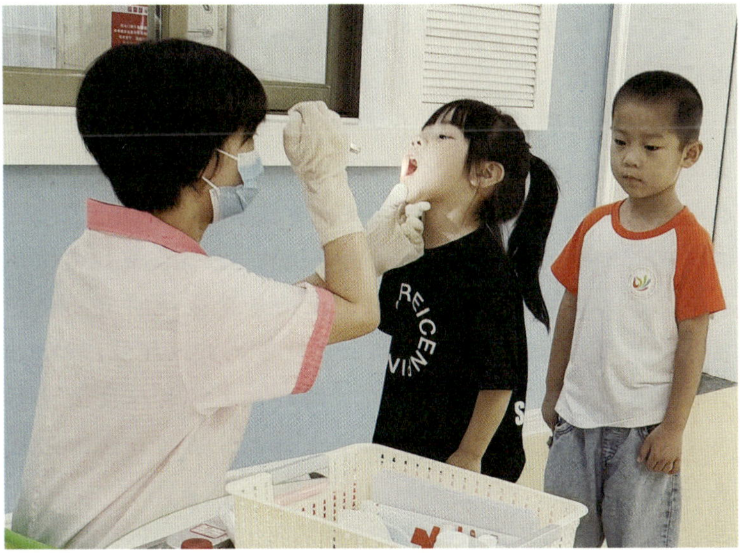

图 1-5 晨检

晨检记录表：根据晨检情况做好每个幼儿的晨检记录，针对身体不适或有其他情况的幼儿做翔实记录，同时做好带药幼儿的服药登记工作，填写“幼儿服药单”。

晨检注意事项：（1）保健医生每天早上检查幼儿身上有无伤口，如发现异常，应及时询问原因。（2）检查幼儿是否携带了不安全物品，是否勤剪指甲。（3）流行病发病时期应严格做好晨检，每天监测幼儿的体温，如发现幼儿异常，应让家长带回，及时就医。（4）做好个别幼儿的药物交接工作，对服用时间、剂量做好记录，并及时送到班级。

链 接

连江县凤城中心幼儿园服药制度

根据2012年卫生部印发的《托儿所幼儿园卫生保健工作规范》的相关规定，为确保幼儿在园用药安全，特制定《连江县凤城中心幼儿园服药制度》。

一、幼儿如出现轻微身体不适，经正规医院确诊排除传染性疾病，并且无发烧、腹泻等症状，可以参加园内正常一日活动的，家长可携带幼儿就诊的病历及正规医院处方药来园，并进行登记。

二、家长所带的药品应是正规医疗机构（医院、正规门诊）医生开具的药品，必须有完整的原包装，上面清楚地标明有效期，凡药品标签不清楚或变质、过期的药品，保健医生有权拒绝给幼儿服用。园所只接收家长带来的常见病治疗性药物，不接收保健滋补类、维生素类、中草药、没有明确标示的中成药、外用药、预防药及免疫制剂类药品。

三、家长所带药品经保健医生审核药源、药量、药物配比合理后，请家长在《连江县凤城中心幼儿园带药服药记录表》上清楚填写日期、幼儿班级、幼儿姓名、药物名称和剂型、服用剂量、服用时间及注意事项。家长签名确认后，由保健医生统一把药物放进大门口晨检处的药物放置筐内妥善保管，喂药前由保健医生和班级教师一同核对服药人、服药剂量、服药时间等信息，按时给服药幼儿服用。

四、严禁家长将药物放在幼儿书包或衣物内，让幼儿自己服用。班级教师及园所工作人员不得在园内未经保健医生同意擅自接收药品后转交给幼儿或私自给幼儿喂药，否则幼儿服药后出现不良反应而导致的一切后果，由直接责任人负全部责任。

五、如幼儿当天需在园服药，请家长和保健医生做好登记手续后，亲自告知该班教师，以方便教师照顾。

以上规定即日生效，多谢各位家长为了幼儿的安全和健康，配合我园共同施行本制度。

链　接

处方药（Rx）是为了保证用药安全，由国家药品监督管理部门批准，须凭执业医师或执业助理医师处方才可调配、购买和使用的药品。处方药是医生为患者在临床上用药的主体。所以，开此类药的医生必须有医师的职业资质，而患者须在医生的监护和指导下购买、使用此类药。

国家药品监督管理部门将药理作用大、治疗较重病症、容易产生不良反应的各类药品规定为处方药，患者只能在医生的指导下使用。

非处方药（OTC）是指由国家药品监督管理部门公布的，不需要凭执业医师或执业助理医师处方，消费者可以自行判断、购买和使用的药品。因此，非处方药又称为柜台发售药品。其特点是安全、有效、方便、质量稳定。被列入非处方药的药品，一般都经过较长时间的全面考察，具有疗效确切、毒副作用小、使用方便、便于贮存等优点。

从严格意义上讲，某种药品被批准为非处方药，只是获得了非处方药的身份，经法规许可放宽其出售和使用的自由度。事实上，许多药品既有处方药身份，又有非处方药身份。非处方药制定实施后，每隔3～5年会进行一次再评价，以推陈出新，优胜劣汰，确保它们的有效性和安全性。

案　例

幼儿园老师误给孩子过量服药①

嘉定区江桥封浜镇凌云幼儿园的保健老师因疏忽大意，把应按

① 白华阶：《幼儿园老师误给孩子过量服药》，《新闻晚报》2012年12月20日，有改动。

剂量分次服用的药物让孩子一次服用。高女士认为孩子过量服用药物后验血指标至今存在一些问题，孩子的免疫力也因此受到影响。高女士说，5 岁的女儿在凌云幼儿园上小班。10 月 22 日女儿患感冒，她把一种非处方冲剂“小儿咳喘灵颗粒”和药物根据服用剂量给孩子服用后，把剩余药物和冲剂带到幼儿园交给保健老师，同时在“幼儿园晨检记录单”的药品名称栏中明确写了药物名称及服用剂量。当天下午 4 时许，高女士去幼儿园接女儿回家时，女儿一个劲地嚷肚子痛，并称：“中午老师把一包药都给我吃了，肚子痛也没敢跟老师说。”

“小儿咳喘灵颗粒”是每包 10 克装，服用剂量是每次 2 克冲服，也就是老师以 4 倍的量一次给孩子服用了。老师承认了此事。高女士致电园长，园方赶紧派人陪高女士和孩子到医院检查。因服药时间超过 5 个小时，洗胃已不能解决问题，幼儿园人员与高女士又将孩子转到儿童医院做了各项化验，开了处方药。高女士认为，女儿的感冒咳嗽总是不好，验血中的部分指标存在问题，这些都是服用药物过量所导致。

高女士说，幼儿园一开始积极处理此事，随后就不闻不问了，也不愿与家长进一步沟通。记者联系到凌云幼儿园园长，园长对高女士的投诉内容并无异议。据李园长说，当日高女士送孩子到幼儿园时，把“小儿咳喘灵颗粒”交给了保健老师，并在晨检记录上注明药品的名称及服用剂量，但没有记录在“带药记录”上，老师在检查这些记录时确实疏忽大意了。幼儿园没有推卸责任，事情发生后，已积极配合家长送孩子到医院检查和治疗。不过，高女士却对李园长所说的“带药记录”表示怀疑，当记者请李园长传真“带药记录”以作确认时，对方则以“幼儿园没有传真机”为由拒绝。截至发稿前，李园长赶到报社，愿意与家长进行沟通，协商解决。

（三）盥洗

教师一般在饭前 10～15 分钟组织幼儿盥洗。在盥洗活动中，教师应对幼儿提出明确、具体的要求：第一，有秩序地排队如厕、洗手，不推不挤；第二，不在盥洗室内大声吵闹，不妨碍他人如厕、洗手，不在盥洗室内奔跑嬉戏；第三，不玩水和肥皂（洗手液）；第四，洗手完毕要擦干手上的水再离开，不把水甩在别人身上和地上。

（四）过渡环节

1. 及时提醒幼儿如厕。

2. 为幼儿准备充足的饮用水，提醒幼儿及时喝水，勿暴饮，勿喝生水，讲究饮水卫生。

3. 引导幼儿用各自的口杯喝水。

链　接

我要上厕所（小班）

活动目标：

1. 学习正确的如厕方法。

2. 初步养成良好的卫生习惯。

3. 知道有便意时及时如厕。

活动准备：

材料准备：教育挂图《主题活动·公共厕所》，绘本《我要拉㞎㞎》，男、女厕所标志。

活动过程：

一、观看教育挂图，激发兴趣。

组织幼儿观看教育挂图，鼓励幼儿说说挂图上是什么地方，它是用来做什么的。

二、欣赏绘本，学习正确的如厕方法。

1. 教师讲述绘本。

引导语：有一个好听的故事，我们一起来听一听。

2. 提问：

（1）故事里大河马、小老鼠和粉红猪都发生了什么事？

（2）小动物们肚子疼时，都说了什么？它们到什么地方去大便了？

（3）这里有几间厕所？

(4) 厕所里面有别的动物在大小便，应该怎么办呀？大河马是怎么说的？

(5) 小动物们拉的大便一样吗？拉完大便后它们都做了哪些事情？

3. 小结：

动物和人一样，每天都要上厕所。上厕所要先把裤子脱下，上完厕所要把屁股擦干净，再穿好裤子，冲干净便槽。

三、结合生活细节，了解便后清洁的常识。

1. 鼓励幼儿讨论：平时是不是自己拉便便？拉完便便要做什么？

2. 小结：上幼儿园了，要学会自己上厕所，上厕所的基本程序为“脱裤子—拉便便—擦屁股—穿裤子—冲水—洗手”。平时只要有便意，就要及时上厕所。

四、参观厕所，模仿如厕。

1. 幼儿观察教育挂图，认识男、女厕所的标志。

2. 模仿如厕，了解男孩、女孩小便的方法是不一样的。男孩是站着小便，女孩是坐在便桶或者蹲在便槽上小便。

3. 提问：上厕所是在什么地方开始脱裤子？如果厕所里有很多小朋友要小便，自己又急着要小便，该怎么办？

4. 小结：男孩选择男厕所，女孩选择女厕所。厕所人多时，不争先，不推挤，按照先后顺序小便。如果着急小便，可以和同伴商量，让自己先用厕所。上厕所时，应站在便槽上脱下或穿上裤子。

(五) 餐点

1. 布置好餐桌，准备好餐具，为幼儿创设干净、安静的进餐环境。

2. 观察幼儿的食量，培养幼儿文明进餐的习惯。

3. 教育幼儿不偏食、不挑食，细嚼慢咽，不撒食物；不弄脏衣服，不吃的食物放在桌子上不乱丢，拿东西时轻拿轻放。

4. 进餐前后，不要处理问题或批评幼儿，让幼儿保持愉悦的心情。

5. 进餐时向幼儿介绍食谱。

图 1-6 进餐

链 接

幼儿挑食、偏食的矫正与策略[①]

幼儿挑食、偏食，已经是幼儿园教育中普遍存在的一个问题。幼儿偏食、挑食的根源是什么，我们在幼儿教育中，如何针对不同类型的挑食、偏食现象，做到有的放矢、对症下药、循序渐进地进行矫正，已成为幼儿教育实践中不可忽视的问题。

策略一：进餐环境培养法。班级进餐环境要安静、卫生。在就餐前，可组织幼儿进行较舒缓的手指游戏等，也可组织幼儿帮助教师摆放餐具、整理碗筷，使幼儿心情愉快，在轻音乐的陪伴下，养成专心进餐的习惯。

策略二：饮食口味培养法。保健医生和食堂要注意粗细搭配。对于幼儿不喜欢吃的食物，建议食堂变换花样烹调，使幼儿保持旺盛的食欲。

策略三：榜样诱导法。教师的喜好会影响幼儿。幼儿开始进餐前，教师可刻意夸张地说："哇，今天吃的是胡萝卜，我特别喜欢吃。"旁边教师也可附和："某某老师特别喜欢吃，难怪这么聪明，我也要吃。"幼儿本就觉得教师聪明，自然都想跟教师一样。这一行为可引起幼儿注意，使幼儿乐意接受各种食物。

策略四：共同进餐法。幼儿园开餐时，教师可与幼儿使用同样的餐具，和他们一起进餐。在进餐过程中，幼儿看到教师吃得津津有味，会不自觉地模仿教师的行为，改变挑食、偏食习惯。

策略五：奖励法。有挑食习惯的幼儿，如果今天不挑食了，可以采取口头表扬、授予光盘之星、奖励大胃王贴纸、奖励优惠券等方式给予幼儿正强化，改变幼儿的挑食、偏食行为。

策略六：集中教育法。教师可创编与挑食、偏食相关的儿歌、故事，组织幼儿开展角色扮演，让他们知道偏食、挑食带来的危害。

---

① 李启娣：《幼儿挑食偏食的矫正与策略》，《求知导刊》2018 年第 10 期，有改动。

策略七：多种体验法。根据不同偏食类型的幼儿，可采取不同的体验形式。比如对不吃蔬菜的幼儿，可带他们参观蔬菜园，在种植角种植蔬菜，让他们同家长一起去菜场买菜，给他们讲述蔬菜对身体的好处；对不吃面食的幼儿，可在餐前、餐后让他们给其他幼儿介绍馒头、面条的形状和营养价值，让他们在潜移默化中得到自我教育；对爱吃甜食的幼儿，可在班级开展“牙科医生”区角活动，让他们学当牙医，给同伴检查口腔，发现蛀牙，指出蛀牙的坏处，讲解如何预防蛀牙，让他们知道长期吃甜食的危害。还可以开展厨艺体验馆活动，组织幼儿认识食物、体验烹调过程，让幼儿知道厨房阿姨辛苦的同时，增强幼儿的食欲。

策略八：家园共育法。可借助传统节日以及幼儿园美食节，开展家园共育活动，让幼儿和家人一起动手包饺子、打糍粑，并在共同进餐的过程中，让幼儿不知不觉地改变挑食、偏食习惯。另外在入园、离园时，应有针对性地告诉幼儿家长，幼儿在幼儿园已经逐渐不挑食了，幼儿回家后，家长要巩固矫正成果。同时，可召开纠正幼儿偏食、挑食习惯的专题家长会，邀请专业医生，向家长讲授幼儿营养均衡的重要性，引导他们走出育儿误区。

（六）午睡

幼儿园的午睡管理是一日生活中非常重要的环节。保教人员在组织幼儿午睡的过程中，应做好以下工作：第一，午睡前组织幼儿盥洗。第二，睡前稳定幼儿的情绪。第三，提醒幼儿勿把玩具等其他物品带入寝室。第四，逐步地教会幼儿独立地穿脱衣服、鞋袜并整齐地叠放在固定的地方。

案　例

某小班老师在10月对30份评估手册进行梳理、统计，发现家长们在对“幼儿喜欢自己入睡吗？”这一指标做选择评价时，7人选择“喜欢”，占总数的23.3%；23人选择“不喜欢”，占总数的76.7%。在分类排序中，这一项作为共性问题被排在首位。针对这一问题，老师进行了分析，制订了相关对策，并借助家长开放日与家长进行了交流。老师提出的对策主要包括三方面内容：一是引导家长营造氛围。如播放舒缓的音乐或优美的故事，让幼儿感觉睡觉是一件美好的事情；入睡前稳定幼儿情绪，避免幼儿进行过度兴奋的活动；给幼儿营造安全的氛围，避免幼儿处在紧张、害怕的不良情绪中。二是资料共享。老师收集一些关于培养入睡习惯的“小妙招”在家长园地中展示，建议家长及时肯定幼儿独自入睡的行为。三是老师配合开展讲故事、谈话等活动，鼓励幼儿自己入睡。

经过两个月的家园配合后，老师在 12 月再次对收回的 30 份评估手册进行梳理、统计，发现家长评价该项时，选择“喜欢”的人数增加到 19 人，占总数的 63.3%；且“幼儿不喜欢自己入睡”选项排到了共性问题的第 4 位，不再成为突出问题。

小班幼儿“入睡问题”前后对比表

时间	喜欢自己入睡的幼儿人数	占总数比例	不喜欢自己入睡的幼儿人数	占总数比例
10 月	7 人	23.3%	23 人	76.7%
12 月	19 人	63.3%	11 人	36.7%

链 接

午睡（小班）

活动目标：

1. 能把脱下的衣、裤、鞋、袜，较整齐地放在固定处。

2. 学习如何钻进被窝入睡，注意保暖。

3. 逐步养成良好的午睡习惯。

活动准备：

材料准备：布娃娃一个。

环境创设：布置“怎样午睡好”情境。

活动过程：

一、情境感知。

演示“娃娃”的午睡，让幼儿在感知“娃娃”午睡的过程中，形象地理解以下两点：(1) 为了起床时不受冻以及能赶快穿上自己的衣、裤、鞋、袜，应该把这些东西整齐地放在固定处。(2) 为使自己在睡觉时不受凉，要盖好小棉被，学习钻进被窝入睡。

二、方法传授。

1. 边表演边念儿歌《午睡》，通过生动、有趣的形式，提高幼儿练习的兴趣，帮助幼儿掌握正确的方法。让幼儿边听边做，将脱下的衣物等放在固定处。

脱下鞋子和外衣，端端正正放整齐。

铺好被子上床去，小被暖和盖身体。

闭上眼睛手放好，不吵不闹睡午觉。

房间里面静悄悄，一觉醒来精神好。

2. 教幼儿把鞋子放整齐。教师边念儿歌《小船靠岸》边引导幼儿把鞋子放整齐。

小鞋小鞋像小船，离开小脚要靠岸。

快快划呀快快划，谁的小船先靠岸？

3. 启发幼儿将脱下来的衣物叠整齐，教师边念儿歌《折叠衣物》边教幼儿叠衣物。

放平衣服对整齐，先将“两袖”向前抱，

再把“腰儿”弯一弯，看看是否叠好了。

裤腰对裤腰，裤脚对裤脚，

中间折一折，裤子就折好。

找呀找，找呀找，

袜头、袜口找朋友，

找到朋友翻跟斗。

4. 引导幼儿学习钻进被窝、盖好被子。

可让个别幼儿示范正确方法：掀开一侧被子，躺下后双脚伸直，将掀起的被子盖在身上，盖好被边、被角。幼儿跟着教师边念儿歌《钻被窝》边做动作。

先开一扇门，躺下把脚伸，

小门关关紧，闭上小眼睛。

(以上这些活动，还可以结合幼儿午睡生活环节进行。)

三、习惯巩固。

1. 开展“赛一赛”的游戏（比一比，看谁叠衣物叠得快；比一比，看谁摆衣物摆得快；比一比，看谁钻进被窝钻得快），并进行鼓励和表扬。

2. 让幼儿在活动之后继续练习，逐步巩固午睡的行为习惯。

（七）离园

保教人员应在离园前，引导和帮助幼儿做好清洁、整理工作。在幼儿离园之前，保教人员可以组织幼儿开展总结性的谈话活动，对一日或一周生活做简单小结，鼓励幼儿的进步，提出回家后的要求，让幼儿高高兴兴回家。

离园环节，保教人员应注意的问题有：第一，要把组织的集体活动和分散的个体活动结合起来。第二，注意自由和纪律的关系。纪律是集体活动所必需的，但纪律必须服从于教育目的，它不应该是束缚幼儿发展的桎梏，而应该是幼儿成长的保证。第三，要面向全体幼儿。保教人员应关心每个幼儿，随时了解每个幼儿在什么地方、在干什么，给每个幼儿留下“幼儿园是温暖、快乐的场所”的印象。

四、生活活动的时间安排

我们先看看较为常见的幼儿园一日作息时间表。

表 1-1　2013 年连江县凤城中心幼儿园秋冬季幼儿作息时间表（示例）

7：30—7：40	入园晨检
7：40—8：30	晨间户外活动
8：30—9：00	早操活动
9：00—9：20	盥洗、早点
9：20—9：30	谈话活动
9：30—10：00	集中教学活动
10：00—10：20	如厕、盥洗、喝水
10：20—10：50	自选区域活动

续表

10：50—11：00	如厕、盥洗、喝水
11：00 —12：00	午餐、散步
12：00—14：20	午睡
14：20—14：30	起床、饮水、盥洗
14：30—14：40	午间操
14：40 —15：00	午后餐点
15：00—16：00	游戏活动
16：00—16：10	如厕、喝水
16：10 —16：40	户外体育活动
16：40 —17：30	离园活动

从以上幼儿在园一日作息时间表可以看出，幼儿在园的时间长，生活活动的环节多。这样的时间安排，会造成各个环节之间的脱节，也会造成幼儿过多的等待与时间的浪费。因此，各个幼儿园都应以《指南》为指导，遵循幼儿身心发展的规律，结合园所的实际情况灵活调整幼儿生活活动的时间安排，以保证时间安排最优化。

本章练习题

1. 简述幼儿园生活活动的定义和意义。

2. 你怎样理解幼儿园的生活活动？结合实际谈谈幼儿园生活活动的保育要点。

第二章 生活活动环境的创设

案 例

户外活动结束了，孩子们满头大汗地回到教室。在老师的提醒下孩子们纷纷前去喝水，动作快的孩子最先拿好茶杯排在了最前面，动作慢一些的孩子就只能一个个往队伍最后排。孩子们的队伍就像火车一样越接越长，最后已经蜿蜒进入活动区了。由于队伍很长，后面的孩子等得不耐烦，开始说说笑笑、打打闹闹，一不小心撞到了前面的孩子。这下好了，整条队伍顿时像炸开了锅一样，你推我挤，呜呜撞到了前面的冬冬，冬冬又碰到了顺顺，顺顺又挤倒了阳阳……最前面刚倒好水的诵诵就这样被波及了，顿时杯子里的水全洒在了地板上。诵诵马上不高兴地跑过来告诉老师："都是他们挤来挤去，害我把水洒到地上了！"队伍中的其他女孩子也纷纷发出抱怨声："是呀！他们后面老是挤来挤去，讨厌死了，害我们接水都接不好！"老师马上走到队伍最后，悄悄地跟几个男孩子说："宝贝们啊，你们挤到前面的女孩子了，她们有点不高兴了呢！注意啊！"

虽然明显感到队伍一下子安静了很多，但是才过了没多久，长长的"火车尾"又开始蠢蠢欲动……①

这是"盥洗三部曲"中的一个小插曲。由于天气炎热，幼儿喝水的频率很高，可是每次喝水都需要排很长的队伍，动作慢的幼儿需要历经很长的等候时间。这个等待过程，既浪费时间，也影响一日活动进程。最重要的是，

---

① 佚名：《中班盥洗习惯养成之研究策略》，2014 年 7 月 24 日，见 https://www.docin.com/p-871733441.html，有改动。

由于队伍长，等候的时间也长，就出现了各种问题——拥挤、插队、玩玩具或者你追我赶……这些问题易引发各种矛盾或安全问题：拥挤时撞到前面的同伴，引起同伴的不满；对插队的不满导致同伴间的争吵；跑来跑去、游离在外，存在严重的安全隐患。如果这个“排队等候”问题不处理好，将会严重影响一日生活活动的有序进行。那该怎么解决呢？教师可通过创设良好的喝水环境来解决这一问题。

本章主要针对幼儿园生活活动环境的创设进行阐述。

第一节　生活活动环境创设的概念和原则

幼儿是在与周围环境的交互作用中成长和发展起来的。环境是重要的教育资源。教育者应通过环境的创设，有效地促进幼儿的发展。因此，幼儿园生活活动环境的创设尤为重要。

一、生活活动环境创设的概念

生活活动环境创设，主要是指教育者根据幼儿园教育的要求和幼儿身心发展规律、需要，充分挖掘和利用幼儿生活环境中的教育因素，把环境因素转化为教育因素，促进幼儿身心主动地发展。

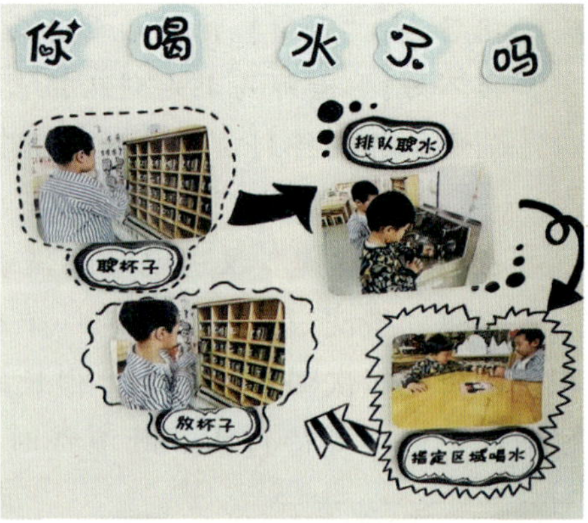

图 2-1　喝水步骤图

幼儿园生活活动环境既有保育的性质，又具有教育的性质。以幼儿园喝水活动环境的创设为例：第一，做好物质环境的准备。保教人员要根据“幼儿愿意饮用白开水，养成自主饮用白开水”的目标，提供方便幼儿自主取水并且能24小时保持恒温的智能饮水机。第二，做好心理环境的准备。保教人员要组织幼儿开展“我爱喝水”的系列活动，让幼儿认同“白开水对身体有好处”。第三，创设积极的互动场景。教师可将日常生活中幼儿喝水的步骤拍摄下来，制作成“喝水步骤图”（如图 2-1），时刻提示幼儿正确喝水的方式，培养幼儿有序排队、节约用水等好习惯；也可在墙面设计有关喝水的游戏，如图 2-2 中的“看谁跑得快”将喝水环节游戏化，喝一杯水，小人就前进一格，既利用竞赛充分调动了幼儿喝水的积极性，又在无形中培养了幼儿的数学概念。这一系列的生活活动环境，共同为幼儿自主喝水服务，同时也促进幼儿社会能力的提升和科学知识的学习。

图 2-2 “看谁跑得快”喝水游戏

幼儿园生活活动内容与幼儿的家庭生活内容虽然大致相同，但生活活动环境有着质的差别。我们还是以喝水环境为例：第一，环境创设的目标有差异。幼儿园的喝水环境创设服务于幼儿愿意喝水、自主喝水的教育目标，而且不同年龄段有不同的要求。家庭中幼儿喝水大多是由家长发起，目标不明确，喝多或喝少、什么时候喝都较为随意。家长将水装好，直接服务于幼儿，幼儿喝水缺乏自主性。第二，环境组成不同。家庭喝水环境比较单一，一般只有物质环境，缺少心理环境。幼儿多是按照家长的指令完成喝水，不能从心理上认同喝水的重要性。幼儿园的喝水环境包括教师组织的主题“我爱喝水”系列活动，能在最大限度上激发幼儿自主喝水的内动力。第三，家庭缺少互动的环境因素。从图 2-3、图 2-4 中，我们不难看出家庭喝水环境十分简单。幼儿园喝水环境多能引发幼儿与环境互动，充分调动幼儿喝水的积极性。例如图 2-2 中的“看谁跑得快”，通过幼儿喝一杯水，可以让自己的小人前进一格的游戏操作，实现了让幼儿多喝水的目标。

图 2-3 家庭喝水场景 1

图 2-4 家庭喝水场景 2

二、生活活动环境创设的原则

生活活动环境创设的原则，是指保教人员创设幼儿园生活活动环境时应遵循的基本要求。这些要求是根据幼儿教育的原则、任务和幼儿发展的特点提出来的。

（一）遵从与幼儿发展相适应的原则（适龄性）

保教人员应创设“阶梯式”生活活动环境，满足幼儿不同年龄特点的发展需求。所谓“阶梯式”生活活动环境，就是要根据不同年龄阶段幼儿的特点与需要，因材施教，创设出真正基于幼儿生活、服务于幼儿发展需要的生活活动环境。如小班刚入园的幼儿，生活活动环境以服务性环境为主，以童趣、温馨为主基调，关注幼儿对幼儿园集体生活活动环境的适应程度，增进幼儿对幼儿园的喜爱之情。到了中、大班，随着幼儿对环境的熟悉与适应水平、能力的提高，幼儿的生活活动环境变成以自主性环境为主，以简洁、便利为主基调，关注幼儿与环境的互动，注重幼儿参与环境创设的主动性，满足幼儿的主人翁意识。

保教人员遵从与幼儿发展相适应的原则，创设生活活动环境的做法如下。

第一，看《指南》，寻需求。在理解《指南》、了解要求的基础上，寻找本年龄段幼儿的具体生活需求。如《指南》健康领域中指出小班幼儿应“能熟练地用勺子吃饭”、中班幼儿要“会用筷子吃饭”、大班幼儿应“能熟练使用筷子”，那么保教人员就应该根据幼儿的年龄特点和实际发展情况，为小班幼儿提供勺子，到了中班下学期，就可以考虑逐步为幼儿提供筷子。

第二，看幼儿，析需求。要观察、了解本班幼儿的生活能力与问题所在，分析幼儿的生活需求到底是什么。如关于使用筷子用餐，保教人员就要观察本班大多数幼儿的手部小肌肉是否足够灵活、幼儿是否有使用筷子的需求，甚至可以发放调查问卷，了解幼儿在家中使用餐具的情况，从而分析是否应该为本班幼儿提供筷子、怎么提供（是全部提供还是部分提供、是一步到位提供还是先提供练习筷）等。只有将幼儿的需求分析到位，才可能创设有效的环境并提供适当的材料。

第三，创环境，解需求。保教人员应在观察、了解、分析幼儿生活需求的基础上创设相应的环境并投放相应的材料。还是以用筷为例，保教人员了解到班级中有三分之一的幼儿在家中已经用筷子吃饭了，而且通过日常观察，发现班级另外三分之二的幼儿中又有一半以上具备使用筷子的手部能力。于是，午餐环节中，保教人员在不撤去勺子的前提下，提供了能供半数幼儿使用的筷子，以满足幼儿使用筷子的需求。同时，保教人员在墙面环境中张贴关于筷子的图片与信息（如图 2-5、图 2-6），既让幼儿了解中华民俗文化，又激发幼儿对筷子的兴趣与使用筷子的积极性。

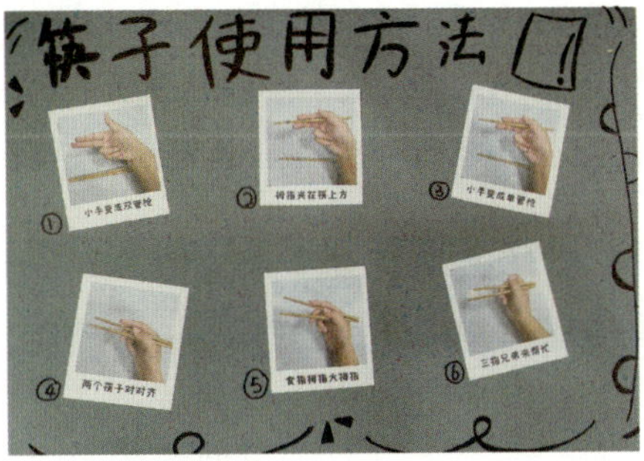

图 2-5　筷子使用方法

图 2-6　筷子的种类

第四，看互动，延需求。在创设环境、投放材料后，保教人员应观察幼儿与环境、材料的互动情况，及时调整环境与材料。如保教人员发现一些幼儿虽然具备了使用筷子的能力，但是新鲜劲儿过去之后，畏难情绪使他们放弃使用筷子而继续选择勺子。观察到幼儿的问题与需求后，教师开展了关于用筷子的集体活动。同时，保教人员细心地为每个幼儿制作了一双卡通筷子，并在筷子上刻上幼儿的姓名，以此进一步鼓励幼儿使用筷子。

所以，在创设生活活动环境的时候，保教人员一定要借助《指南》，了解幼儿的年龄特点；借助观察，明确幼儿的生活需求。

（二）遵从“差异认同”的原则（差异性）

1. 认同个体的差异，创设幼儿的生活活动环境

不同年龄阶段的幼儿生活活动环境创设应不同，这已经成为教师的共识。但是，同一年龄段的幼儿其实也存在很大差异，也就是“年龄越小，差异越大”。所以，教师要尊重幼儿的差异，顺应差异，切忌在生活活动环境中“一刀切”。教师应根据幼儿的不同发展速度、不同特点，差异性地创设生活活动环境，提升幼儿的生活质量。

幼儿的差异性表现为以下几点。

第一，发展差异。同样是小班男孩，最高的幼儿与最矮的幼儿相差几乎有10厘米。那么统一高度的便器必然不能满足所有幼儿的需求，个小的幼儿常常会尿湿裤子。所以，教师可将纸盒或积木固定在地板上，为个小的幼儿提供一个阶梯，让个小幼儿也能自如地如厕。另外，个别小班男孩如厕时还尿不准，常常会尿在便器外或者弄脏自己的裤子。一些大班幼儿调皮，经常会把小便拉到同伴身上。为了规范幼儿行为，保教人员可以在男孩便器的壁上贴上小花、鳄鱼嘴巴的图案或打靶器（如图2-7），让幼儿“为小花浇水”“喂鳄鱼喝水”或瞄准靶心，以此对准便器。这样将生活活动游戏化，幼儿就不会把小便弄得到处都是。

图2-7　如厕活动环境创设

第二，性别差异。幼儿园在条件允许的情况下，在环境创设时应关注性别差异。特别到了大班下学期，男孩、女孩不太适合在同一个空间中如厕，最好每个厕所能安装一扇小门。如硬件条件不允许，可根据实际条件考虑在男女如厕的环境中增加一道隔帘。

另外，教师还要考虑幼儿个性差异等。只有在尊重每个幼儿的不同特点与差异的基础上创设的环境，才是真正服务于幼儿的环境，才是能提升幼儿生活质量的环境。

2. 顺应“物”的差异，因地制宜地提升幼儿的生活质量

生活活动环境中“物”的方面，可从以下角度考虑：其一，根据不同生活空间的功能和定位的差异，创设生活活动环境。举例来说，盥洗室可以以蓝绿色调为主，营造干净、清爽的氛围；午睡室可以以粉红或蓝紫色调为主，营造安静、温馨的氛围；午餐室可以以七彩色调为主，营造增进食欲的愉悦氛围……不同的生活场景，因有了凸显功能的环境，可以激发幼儿参与活动的积极性。其二，根据不同的生活空间特点与布局的差异，创设生活活动环境。

环境是重要的教育资源，“环境是可以说话的”，因地制宜设计的环境可以起到暗示作用，在潜移默化中诱发幼儿的积极行为。

（三）遵从教师与幼儿共同参与的原则（参与性）

幼儿园环境的教育性不仅蕴含在环境之中，而且蕴含在环境创设的过程之中。陈鹤琴先生指出："通过儿童的思想和双手布置的环境，可使他对环境中的事物更加认识，也更加爱护。"① 环境创设特别是室内环境创设，应充分征求幼儿的意见，引导幼儿参与。教师应引导幼儿参与设计、提供材料与作品、参与布置，然后利用环境支持幼儿的自主活动。虽然幼儿参与环境创设比教师独立完成更费时费力，但就其教育效果来说，前者更能提高幼儿的兴致和创造性，增强幼儿的责任感和成就感。环境创设中幼儿参与的过程，其实也是他们学习与发展的过程。

中、大班幼儿喜欢在集体环境中生活、学习，愿意为集体做事，有责任感和集体荣誉感。因此在创设生活活动环境时，可以让幼儿成为环境的主人，积极参与环境的创设。教师可以和幼儿一起讨论、决定生活中的一些事项，共同营造温馨、积极、有序、自由的班级环境。教师组织幼儿集体制订规则，在环境中标注温馨小提示，促使幼儿主动管理自己的生活，让环境真正成为幼儿建构经验、主动学习、主动表达与表现的空间，为幼儿形成良好的生活习惯奠定坚实的基础。

（四）遵从安全、卫生与温馨的原则

安全、卫生是幼儿园生活活动环境创设的第一指标。如今大多数保教人员能够做到这一点。幼儿进入幼儿园后，心理与物质环境均发生了改变，这种改变与冲击使幼儿感到极大的不适应，从而产生负面情绪。幼儿一日活动中，午餐、午睡等生活环节也是最易使幼儿发生情绪波动的时刻，因为这些活动与家庭生活情境直接相关，容易使幼儿因想家而产生焦虑情绪。所以，除了心理氛围的营造外，如何创造"家庭式"的物质环境也越来越受到幼儿园保教人员的关注。

所谓"家庭式"物质环境，就是根据幼儿安全生活的基本需求，尽量按照"家"的色彩、布局与设施创设环境，凸显家庭生活的温馨、松弛，给予

---

① 北京市教育科学研究所：《陈鹤琴教育文集》（下卷），北京出版社 1985 年版，第 163 页。

幼儿安全感与满足感，让幼儿与新的环境建立起某种和谐关系。创设“家庭式”物质环境可以运用的方式有：第一，变大为小。根据硬件条件，将活动室大空间根据生活的功能与需求，分割成若干小区域，如饮水区、餐厅等，避免大空间式的生活活动环境。第二，变硬为软。根据实际条件，将各种“硬环境”进行“软包装”，如在幼儿餐桌上铺上桌布，让幼儿感受到家的气息与温暖；对盥洗室的不锈钢材料进行简单的改造，用暖色调的布料包裹不锈钢水管等。第三，变简为精。如在幼儿饮水处增加可供幼儿坐下的小桌椅，让幼儿能够不紧不慢地喝水；在洗脸处安放小镜子，让幼儿能够像在家里一样，看到自己的脸蛋，清洁仪表。

图 2-8　盥洗活动环境创设

第二节　生活活动环境创设要点

幼儿园生活活动环境创设包括入园环境创设、饮水环境创设、盥洗环境创设、餐点环境创设、午睡环境创设等。要发挥生活活动环境的育人作用，保教人员可尝试让标识“说话”，创设幼儿“看得见、读得懂”的环境。

一、“看得见”

标识要让幼儿“看见”。标识张贴场所应与标识对应的生活场地及教育价值相关。标识“入地”是指在地面通过标识暗示幼儿，如盥洗室中，采用等待线、小脚印等标识，暗示幼儿人多时要排队，帮助幼儿养成遵守秩序的好习惯，培养幼儿的秩序感；标识“上天”是指标识的位置与幼儿视线平行，如在厕所隔板上张贴表示男女性别的不同标识，暗示幼儿“男女是不同的”，培养幼儿的性别意识。小班的标识可以是直观的人物或卡通图案，中、大班可以用抽象的标识，与社会一般标识相衔接。幼儿园里墙面标识比较多，例如安全的提示、生活技能的养成、文明习惯的培养等，可张贴在相应墙面的明显位置，如在易滑倒的场地墙面贴上“安全小贴士”、在幼儿使用毛巾的墙面贴上“擦脸小方法”、在盥洗室的主墙面贴上“班级文明公约”等图文结合的标识，以此培养幼儿自我保护、自我约束的意识。

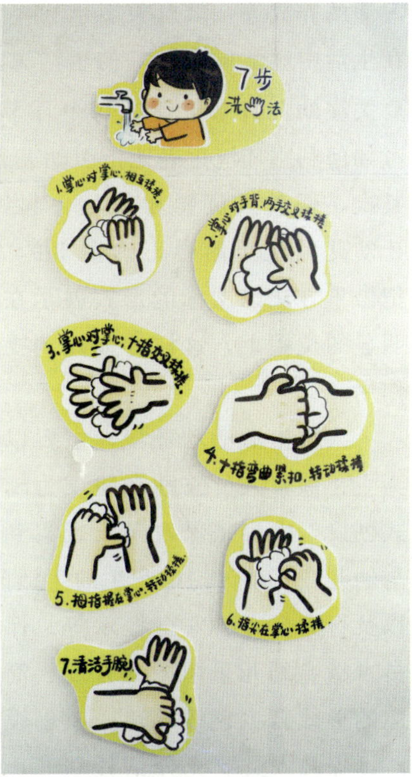

图 2-9　洗手步骤图①

二、“读得懂”

标识要能让幼儿“读懂”，其创设要点是应与幼儿年龄特点相关。

游戏化的一日生活是小班幼儿教育的特点之一。小班的生活活动环境要以幼儿自由为基础，指导幼儿在自由活动中获得秩序感、养成良好的生活习惯。环境创设以保教人员为主，内容主要为生活技能的学习等，可以采用形象逼真、能反映真实生活内容的照片或卡通图片进行呈现，让幼儿一眼就能看懂。

① 本图片由泉州幼儿师范高等专科学校附属东海湾实验幼儿园提供。

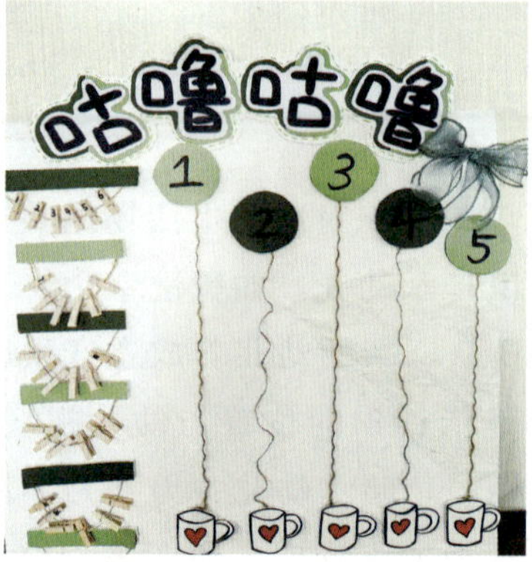

图 2-10　喝水游戏情境

图 2-11　漱口步骤图

中班生活活动环境创设时要注意给幼儿自由活动的空间，以幼儿原有的认知经验为基础，以保教人员为主、幼儿为辅的方式创设，内容主要是生活习惯的养成等，以形象图示为主、抽象图示为辅，促进幼儿主动、有意识地在生活中逐渐形成良好的生活方式，养成良好的生活习惯。首先，保教人员要关注幼儿日常生活的每个环节，思考如何利用环境正确地指引幼儿行为。其次，保教人员要和幼儿一起讨论，让幼儿关注生活中正确做事的方法，把做事方法以图标的形式展示在墙面明显的位置上，这样才能达到提示的作用。

图 2-12　入园五件事

大班生活活动环境，主要以幼儿为主、保教人员鼓励和建议为辅的方式创设，内容是保教人员观察到的或与幼儿在互动讨论中产生的生活问题，以及行为要点、安全提示等。保教人员可指导幼儿采用图文并茂、简洁易懂的形式自主创设环境。在创设环境时，保教人员要充分信任幼儿，给幼儿更大的自主权，让幼儿在自然的生活中形成良好的生活习惯，积累更多与人交往的经验。幼儿可以自己设计生活温馨小提示，布置环境，营造温馨、积极、自由、有序的班级氛围，例如设立能促进交流的“收集藏品角”“新闻角”“求助站”等。保教人员可以组织幼儿集体制订规则，在环境中标注温馨小提示，提升幼儿自我管理的能力；也可以引导幼儿每人认领一个责任区，负责照顾环境，形成良好的生活习惯。如某大班活动室的大门上挂了“入园五件事”的标识，幼儿入园后就会清晰地知道要问好、测体温、插卡、洗手、喝水等。

本章练习题

1. 什么是生活活动环境创设？
2. 怎样创设适宜的生活活动环境？

第三章 生活活动常规

第一节 生活活动常规的概念和意义

案例

……在教育实践中教师的常规管理却出现了两个极端：一是将常规依然看作是教师管理、控制幼儿的主要手段，强调常规对幼儿的约束作用，强调幼儿行为的整齐划一与服从指导；幼儿没有自主处理自己行为纠纷、独立管理自己行为的能力，脱离了教师的管理，他们将不会自我学习、不会独立交往。例如幼儿上厕所，教师在游戏结束时要求幼儿分性别排队上厕所、喝水，看似有纪律，实际上是剥夺幼儿独立管理自己的机会。另一极端则过于强调幼儿自我管理，过多地否定了某些环节的教师干预，在强调幼儿自主、独立的同时，常常会导致幼儿喝水少、忍尿、睡眠不足、盥洗时经常弄湿衣服等现象。这两种情况都与《纲要》精神不相符。我们要重新审视幼儿生活活动常规，跳出传统常规管理的误区，摆脱原来强制的、整齐划一的、自上而下的行动逻辑，把常规合理运用到班级管理中，将它当作教育的资源，而且是独立的、同其他课程内容一样对幼儿有着深远影响的资源，发挥它应有的效能。①

① 张芳芳：《小常规，大学问——刍议幼儿的常规教育》，2017 年 7 月 4 日，见 https://wenku.baidu.com/view/647a5b66ec630b1c59eef8c75fbfc77da269978c.html，有改动。

生活活动常规是幼儿教育的主要内容之一。保教人员要科学、合理地安排和组织幼儿在园的一日生活，建立良好的常规。生活活动常规的建立，不仅关系到幼儿的集体教育，还能促进幼儿形成良好的卫生习惯、生活习惯和行为习惯，同时也有益于促进幼儿身心健康、和谐发展。生活活动常规一旦形成，幼儿就知道什么时间该做什么事、什么事能做、什么事不能做，对教师完成保教工作、管理班级都有很大的帮助。

一、生活活动常规的一般概念

生活活动常规就是幼儿在幼儿园一天所要遵守的规则和规定，是幼儿在幼儿园一日生活的各种活动中应该遵守的基本行为规范。它包括三方面：第一，幼儿园一日活动的规定。第二，幼儿园一日活动各环节的具体规定。第三，幼儿园一般行为规范。

二、生活活动常规的意义

生活活动常规是幼儿教育内容的重要组成部分。通过生活活动常规的学习，幼儿将学会适应集体生活并形成良好的生活、卫生习惯。

将常规教育同幼儿生活实践紧密结合起来，不仅可以使幼儿形成良好的生活习惯，还可以促进他们掌握生活技能及社会知识，增强行为的目的性、意识性，发展自律能力，学习与他人、集体和谐相处。由此可以看出，幼儿园生活活动常规的建立，无论对于班级保教秩序，还是对于幼儿自身发展，都具有重要的意义。

（一）生活活动常规能帮助幼儿适应幼儿园集体环境

幼儿从熟悉的家庭环境进入陌生的集体环境之中，难免有些不适应。入园后，幼儿园均有自己的一日生活作息时间，不同的班级也建立了相应的生活活动常规。幼儿园生活活动常规对幼儿每天生活活动的时间、内容、程序等均有明确的规定，保证幼儿一日生活能在一定的节奏、一定的秩序和一定的规律中进行，这能让幼儿较快地适应幼儿园集体环境。

从入园的第一天开始，保教人员就要重视培养幼儿的生活活动常规，由浅入深、循序渐进地让幼儿理解并遵守生活活动的基本规则。当幼儿熟悉了所在班级的生活活动常规，他们在集体活动中就懂得遵守集体中的规则与制度，从而在班级集体中快乐地生活。

（二）生活活动常规可以维持班级活动的秩序

良好的生活活动常规，有利于保教人员维持班级活动秩序，顺利地组织班级活动。

幼儿一日生活的时间安排应该是稳定的，这样才能让幼儿形成习惯。幼儿吃完点心了，他们会根据班级常规搬好椅子在相应的位置安静看书或开展其他活动；户外活动回来后，他们知道应排队如厕、洗手、喝水，而不是一拥而上，造成拥挤；午睡时间结束，音乐响起，幼儿会按照常规起床、穿好衣裤、整理被子……幼儿习惯并掌握了一日生活时间的安排后，整个班级活动就能有序地开展。

生活活动常规直接关系到保教人员组织一日活动的质量。如果常规教育没有安排好，幼儿就无法形成良好的秩序，活动质量就会因保教人员要分散精力去维持秩序而受到影响。班级常规的建立，有利于形成和维持良好的秩序。当幼儿的秩序和良好习惯形成后，保教人员组织班级活动就能起到事半功倍的效果。

第二节　生活活动常规的编制与实施

一、生活活动常规编制的原则

幼儿园生活活动常规的编制，应该遵循教育的基本规律，尤其应该考虑幼儿的年龄特点。

（一）民主性

幼儿园生活活动常规不应完全由保教人员制订。保教人员要明白生活活动常规不是用来管教、限制幼儿活动的，而是用来帮助幼儿更好地适应集体生活的。因此，从幼儿入园开始，保教人员就要在班级中建立平等的师幼关系，创设宽松的环境，让幼儿在轻松、自由的氛围中生活，感受保教人员的爱。

案 例

让墙面来说话

近段时间发现班上一些幼儿很爱讲话，无论是活动中还是休息、排队、上厕所，甚至是午睡时间，总是叽叽喳喳的，既耽误了自己的学习、休息，也影响了别人，还破坏了常规，令教师头疼不已。如何改变这一现状呢？《纲要》指出“环境是重要的教育资源，应通过环境的创设和利用，有效地促进幼儿的发展”，“幼儿园的空间、设施、活动材料和常规要求等应有利于引发、支持幼儿的游戏和各种探索活动，有利于引发、支持幼儿与周围环境之间积极的相互作用”，要“建立良好的常规，避免不必要的管理行为，逐步引导幼儿学习自我管理”。于是，我们结合幼儿园举行的“会说话的墙面”的评比活动，将常规融入墙面设计中，“鱼儿争上游”的评比活动便应运而生了。

我们以桌为单位，请幼儿自己设计、绘画喜欢的鱼的图案。我们将幼儿画好的鱼分别插在设计好的周一至周五的插槽里，并在上方设计一个领先桌的插槽。我们与幼儿商量好评比的内容：教学活动时遵守常规，休息、午睡、排队时安静的这桌就可以贴一颗五角星。一桌的幼儿要共同遵守，才能得到。到每天放学前，我们再看看哪一条鱼身上的五角星最多，这一桌的这条鱼就可以游到领先桌的位置上。那么，这一桌的幼儿就都可以在额头上贴一颗五角星。

刚开始举行这一评比活动时，还是会有一部分调皮的幼儿管不住自己，以至于影响了自己这一桌的评比，于是，其他的幼儿就会共同谴责他们：“都是你们害的。”或者在他们不遵守纪律时，同桌的幼儿就会悄悄提醒他们“不要讲话了”“认真听”等等。慢慢地，幼儿的常规就变好了。现在，幼儿有空时就爱围着“鱼儿争上游”这一墙面，数数自己那一桌鱼身上的五角星有几颗，看看哪一桌的鱼游到了领先桌的位置。无形中，幼儿之间互相督促的良好风气就形成了。

所以，我觉得“老师说话”不如“让墙面来说话”，让墙面更好地与幼儿互动，真正发挥墙面的督促作用。

（二）差异性

幼儿的发展存在差异性。幼儿发展的差异性不仅表现为不同年龄段的幼儿有不同的特点，而且表现为同一年龄段的幼儿个体也存在差异性。保教人员在制订生活活动常规时应提出合理的要求，各班的常规应从幼儿的年龄特点出发，分阶段提出。幼儿园小、中、大班的常规具有螺旋式上升的特点：一方面，各年龄阶段的常规具有一致性；另一方面，幼儿的发展具有阶段性，其常规也相应地体现出层次性。比如刚入园的小班幼儿在进餐时，有的能又快又好地完成，有的则会拒绝进餐，甚至出现较大的情绪波动。此时保教人员对于不同能力的幼儿，要采用不同的鼓励与支持策略，不能只是单纯地按照班级制订的进餐常规要求幼儿。

案 例

午餐中的游戏

小班幼儿的进餐是最令老师头疼的环节。这周我被分配到小班协助幼儿进餐，一到这个环节我可烦恼了。有的幼儿把饭含在嘴里不肯咽下去，有的幼儿任凭怎么劝就是不张口，有的幼儿刚吃了一点就说不吃，有的幼儿一边吃一边哭……各种各样的情况都有。

小二班有个叫熠涵的小朋友，是个内向、不爱自己吃饭的幼儿，而且一到吃饭就想妈妈。这一天吃饭时，我告诉她，如果能自己吃，而且吃得干净，就可以得到贴纸。可她对贴纸一点儿也不在乎，东看看，西瞧瞧，还一把鼻涕一把泪地小声哭泣。我只好喂她吃，她吃了一点点后，就转来转去，不肯再吃。我好话说尽了也没有用。后来，我灵机一动，想出一个办法："我们来玩钻山洞的游戏吧。"她似懂非懂地点点头。我把饭勺当火车头，把她的嘴巴当山洞，嘴里发出"呜呜"的声音，意思是火车过山洞。这下，她的兴趣来了，把嘴巴张得大大的，很快就把饭吃完了。她很高兴，也很配合。我大大松了一口气。

游戏是幼儿生活的主旋律，如果老师和家长能巧妙运用游戏手段，很多难题就会迎刃而解。老师对内向的幼儿采用"说教"或"说好话"的方式很难见效。然而，他们乐意在游戏中接受指令，并以游戏的方式完成任务。所以，我们要更多地应用游戏的手段，这不仅有助于他们适应环境、听从指令，也能使师幼间的互动更加顺畅。

（三）实践性

任何规定或制度，重在执行。幼儿园里的生活活动常规，不能停留在文字材料上，而要落实到幼儿实践中。

第一，充分的实践是建立良好班级常规的关键。在班级制订生活活动常规后，保教人员应创造充分的机会，引导幼儿反复实践。保教人员要有足够的耐心，放手让幼儿学习自我服务、学习自己能做的事情自己做。保教人员不能有"教你做或等你做比较慢，不如自己做来得快、省事"的想法，这样会不自觉地剥夺幼儿实践的机会。在组织幼儿参加各项活动时，保教人员应根据幼儿身心发展的特点，向幼儿提出一定的要求，使幼儿在活动中反复实践。

第二，保教人员既要相信幼儿，放手让幼儿进行实践活动、交往活动，又要进行必要的指导，促进幼儿在活动中全面、健康地发展。

第三，保教人员要为幼儿提供丰富的实物材料、适宜的实践环境、充分的活动时间以及与同伴、保教人员交往的机会，如设置多种活动区域、组织游戏活动、创设适宜的活动情境等。

第四，保教人员应鼓励幼儿在实践活动中发挥主动性、积极性和创造性，使实践活动真正成为幼儿个性全面发展的途径。

总之，对于3～6岁的幼儿来说，一切事物都是陌生又复杂的，所以，只有不断地实践、认识、再实践、再认识，才能使幼儿在道德品质、行为习惯、智力水平以及知识与技能等方面不断地发展。另外，为了提高教育教学质量，保教人员必须不断地进行教育实验活动，探索教育规律，研究教育模式和方法，总结教育经验，改进工作。这也是实践性原则的基本要求。可见，实践性原则既贯穿于幼儿园教育活动的各个方面，又贯穿于幼儿园教育活动的始终。比如教师应有意识地引导中、大班幼儿主动参与分发午餐餐具的活动，并给予能力相对较弱的幼儿一定的时间与耐心，培养他们的任务意识与责任感。

案例

分类收拾玩具[①]

随着音乐声的响起，游戏接近尾声，孩子们都迅速把自己手中的物品放好。只见孩子们在各个游戏区中穿梭，你拿过来，我搬过去；这个人放下，那个人拿起来换个地方。大家都在刚开不久的“超市”里忙碌着。忽然，孩子们发生了争执。“你干什么呀？我刚把瓶子放好！”天天大声嚷道。露露极不满意地回答：“这是饮料，应该和那边的饮料放在一起！这里是放饼干的！”“但是放在这里瓶子不会倒，而且这里的东西都是卖两元钱的，就应该放在这里！”天天振振有词。原来天天要把收集起来的饮料瓶子放在橱柜的最上层，却遭到露露阻止，并且露露还把天天刚放好的瓶子一个个拿下来，放在一边，要把自己面前的饼干盒子放上去。两人都要按自己的方式来摆放，而且都有很充分的理由。很快，五分钟的音乐结束了，

① 管旅华主编：《〈3—6岁儿童学习与发展指南〉案例式解读》，华东师范大学出版社2013年版，第50～51页，有改动。

可是“超市”没有整理好，那些瓶子、盒子还是在地上放着。其他游戏区也有很多地方没整理好。我让孩子们看看整理后的游戏区，问道：“看到这样的游戏区，你们有什么感想？”茜茜抢着说：“有些乱，特别是‘超市’。”我说：“我们一起想想，有什么好方法可以把‘超市’的物品整理得又快又整齐呢？”

孩子们展开了讨论。有的说，把相同的东西放在一起；有的说，把相同价格的放在一起；有的说，可以按照类别，吃的放一块儿，用的放一块儿，玩的放一块儿；有的孩子提议，每层橱柜上做个标记，按标记摆放就不会乱了。我并没有马上肯定哪一种方法正确，而是交给孩子们一个任务：回家后去一趟超市，看看超市是怎样摆放物品的，做一个超市货架调查表，第二天游戏前交流。

第二天，孩子们都积极交流。孩子们发现，超市的物品都是按用途分类摆放的，并且为了便于顾客寻找，一些大型超市还会在类别区前悬挂对应的标记进行提示。于是我就根据班级情况提出：“我们可以怎样来整理我们的‘超市’呢？”马上就有孩子提出，给“超市”制作标记牌，把物品按标记牌分类摆放好。孩子们给“超市”设计了标记牌，有食品区、饮料区、日用品区、服装区、特价区等，并且每个区还分为一元区、二元区、五元区、十元区等。孩子们把设计的标记贴上后，很快就整理好了“超市”。几天下来，我发现游戏结束后，孩子们都能有序地整理各个游戏区。

（四）适宜性

首先，幼儿园的生活活动常规制订必须根据幼儿身心发育的特点，具有一定的适宜性。从幼儿入园起，保教人员就应以适合幼儿的方式，加强对幼儿生活习惯的培养，引导幼儿按照班级生活活动常规有规律地活动，保证幼儿一日活动的正常开展。其次，保教人员要注意适应个别幼儿的特点。例如，在午睡环节个别幼儿没有养成午睡的生活习惯，保教人员可以让幼儿到区角中看书、做美工等，在尊重幼儿差异性的基础上逐步要求幼儿建立起生活的常规。最后，常规的制订还要符合幼儿园的园情，适应本园的实际情况，以更好地促进本园幼儿的全面发展。

案例

排队

小一班的幼儿来园的第一天，因为卫生间离班级比较远，我组织幼儿集中后排队一起上卫生间。我招呼幼儿："宝贝们，现在我们排队一起上卫生间。"然后，我举起右手说："男孩到这边来排队。"又举起左手说："女孩到这边来排队。"幼儿陆陆续续地走过来，队伍很乱。于是，我让幼儿"开火车"。部分幼儿连在一起，还有的幼儿不让别人碰，如当别的幼儿把手放在小明的肩膀上时，小明会把幼儿的手推开，而且小明自己也不愿意把手搭在别的幼儿肩上。我问他："宝贝，怎么了？我们在开火车，要连起来哟。"他不回应我，也不愿意连在一起。我只好让他一个人跟着我们走。其他的幼儿也不懂得一个跟着一个走，我不停地说："火车不要断了哟，小东要把火车接起来，小华把火车接起来……"

回来的路上，我们还是排队，幼儿的队列总是不成一条直线，而且一边走一边断，还有的幼儿在我叫他的时候就插队进来。我发现单纯开火车排路队的方法效果不好。回到班级，我说："今天排队上卫生间很乱哟，有的小朋友推来推去，你们说这样走好吗？"

小红说："不好，会摔倒。"

我问："你们有什么好主意吗？"

小天说："不要推不要挤。"

小宣说："不能插队。"

小婷说："眼睛要看着前面走。"

我说："老师给小朋友讲一个故事叫《小熊买冰激凌》。"

讲完了故事，我问："小熊做得对吗？要怎么做？"

小天说："要排队。"

我邀请幼儿一起来学习"一个跟着一个走"。我播放音乐《拍手踏步》，引导幼儿分小组排队走。幼儿跟着音乐，扮演自己喜欢的动物，按地上的线路走。大多数幼儿走得很好。

排队是幼儿园一日生活中不可避免的环节，对幼儿的常规培养以及活动的顺利开展有着重要影响。我通过故事法、音乐游戏法、标记法，帮助幼儿有序地排队。

（五）直观性

保教人员在编制生活活动常规时，要注意以直观的方式来呈现。保教人员要用简明、生动、形象、带有启发性的语言和准确的动作示范，引导幼儿学习和遵守常规。

以图 3-1、图 3-2 为例，除了文字之外，保教人员还将幼儿排队喝水的整个环节和幼儿盛水时水量的几种情况以图片的形式展示出来，给予幼儿直观的感受，使幼儿更好地遵守规则。

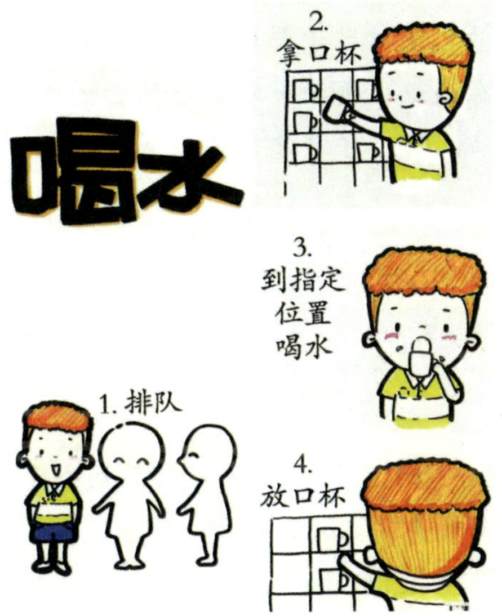

图 3-1　喝水

图 3-2　水量示意图

案　例

鞋子对对碰[1]

幼儿反穿鞋子的行为在幼儿园中屡见不鲜，大部分幼儿在老师的提醒下，能够很快换过来，可有的幼儿穿到脚上后鞋子还是反着的。究其原因，一方面是家长过度溺爱幼儿，在家样样事情都包办代替，幼儿缺乏锻炼的机会，导致幼儿自理能力较差。另一方面原因是幼儿年龄小，两只鞋子细微的差别不易被察觉，幼儿分辨鞋子的正反确实有难度。所以，指导幼儿正确区分鞋子的正反是让幼儿掌握快速穿鞋技能的关键。

面对这种情况，我想到了一首儿歌《鞋孩子》，儿歌的内容就是教幼儿如何区分鞋子的正反，对幼儿穿对鞋子帮助很大，于是我把这首儿歌运用到生活中。我先是在黑板上画了一双鞋子的示意图并进行讲解、区分。然后，用一个幼儿的鞋子做了演示。他们一边把小脚并拢，一边念儿歌：

两只鞋孩子，
一对好朋友，
穿对了，高兴头碰头，
穿反了，生气背对背。

我还让幼儿相互检查，看一看“鞋孩子”是生气了还是高兴了。幼儿都认真地检查起来，嘴里还嚷嚷着“高兴了”“生气了”。我还会为平时穿错鞋子的幼儿单独讲解，教他们怎样检查自己的鞋子。幼儿都很感兴趣，也表现得特别兴奋。此外，我还让幼儿进行穿鞋子比赛。通过活动，幼儿不仅能分清鞋子的正反，还大大提高了穿鞋子的速度。

---

① 佚名：《幼儿园小班观察记录〈鞋宝宝〉》，2019 年 12 月 25 日，见 https://wenku.baidu.com/view/775a4b0e670e52ea551810a6f524ccbff121ca7a.html，有改动。

其实，我们身边有很多幼儿感兴趣的儿歌、故事等，只要我们把它们合理地运用到生活中，就会比反复说教的效果要好得多。在一日活动中，我们更应以幼儿为主体，以幼儿的兴趣为中心，从幼儿的心理和生理特点出发，改变传统的学习方式，让幼儿通过体验、参与，生动活泼地进行学习。这样既有利于幼儿快速掌握技能，又能培养他们良好的行为习惯。

链接

直观性原则是指通过各种直观手段吸引幼儿注意力，利用幼儿的各种感官和已有经验，丰富幼儿的直接经验和感性知识，帮助幼儿形成正确的概念，获取知识和技能，发展智力。

这一原则是根据幼儿思维形象、具体的特点，为了解决教学中词、概念和事物之间的关系而提出的。它能使教育教学活动过程生动形象、自然活泼，能激发幼儿的学习兴趣和积极性，集中幼儿注意力，有助于幼儿理解、接受和记忆，发展幼儿观察力和形象思维能力。教师通常运用的直观手段主要有以下几种。

（1）实物直观，包括出示实物、标本，实地参观，做小实验，等等。

（2）模具直观，包括出示图片、图书、玩具、模型、贴绒、教具、沙盘等。

（3）电化教育直观，包括播放幻灯片、录像、电影、电视、录音、唱片等。

（4）语言直观，指教师运用生动、形象、准确的语言进行描述。

（5）动作直观，包括演示、示范、使用教态等。

二、生活活动常规的具体编制

生活活动是幼儿在园活动的重要组成部分，是满足幼儿生命基本需要的活动，具体包括入园、喝水、盥洗、餐点、午睡、如厕、离园等环节。我们在编制生活活动常规时，应该注重家园配合，让教师、保育员、保健医生、幼儿及家长在相应的生活活动环节中遵循基本的、具体的行为要求和规则，同时各园各班可根据实际情况进行调整，再形成班级的生活活动常规。

（一）基本要求

第一，根据幼儿生理和心理发展的需要，建立科学的生活活动常规，既有利于形成集体生活秩序，又能满足个别幼儿的合理需要，不强求整齐划一。

第二，组织和指导幼儿的生活活动时，要进行充分的预设和准备，减少不必要的等待现象，避免隐性和显性的时间浪费；要满足幼儿受保护的需要和独立的需要，避免包办代替。

第三，确保幼儿生活活动安全，有处理突发事件的应对措施。

（二）具体的行为细则

1. 入园环节

表 3-1　入园环节的行为细则

人员类别	行为细则
幼儿	按要求带齐当日所需的生活和学习用品。
	着装整洁舒适，便于活动。
	按时、愉快入园，有礼貌地向教师、同伴问好，与家长告别。
	入园后主动、自觉地洗手。
	愿意接受晨检，身体不适能告诉保健医生。
	主动参加晨间活动，遵守活动规则；活动后将玩具放回原处，摆放整齐。
教师	主动、热情、礼貌地迎候幼儿和家长。
	观察幼儿身体、情绪和精神面貌。
	查看幼儿的晨检牌或晨检记录及幼儿是否携带了不安全物品。

续表

人员类别	行为细则
教师	有针对性地向家长了解幼儿情况。
	组织幼儿开展观察、劳动、值日、自主活动等。
	清点幼儿出勤情况，并做好记录；及时与未到园幼儿的家长取得联系，了解原因。
	有计划地组织晨间活动：于前一天准备好玩具、活动材料及体育活动器械，让幼儿参加自己喜欢的活动（列入周计划）。
保健医生	为幼儿准备洗手用品（消毒水、洗手液、毛巾等）。
	做好晨检以及晨检记录。遵循晨检“一摸，二看，三问，四查，五防”的要求：一摸，摸幼儿额头、颈部和手心有无发热。二看，观察幼儿精神面貌和卫生情况，有无流涕、有无流泪、有无结膜充血、身上有无皮疹、咽部是否充血、体表有无伤痕、指甲是否过长等。三问，问幼儿在家的饮食、睡眠、大小便等一般情况及有无传染病接触史。四查，查幼儿是否携带不安全物品。五防，传染病流行季节，应重点检查有无传染病接触史及早期症状和体征。晨检中发现幼儿有传染病或其他疾病表现时，应及时通知家长带幼儿到医院检查、治疗。
	检查家长填写的委托服药登记表，并核对药品。药物必须由保健医生妥善保管在保健室内；午餐半小时后，把药品送交给带班教师，并做好交接记录。
保育员	开窗通风，保持空气流通。
	根据季节提前做好防寒保暖、防暑降温工作。
	室内外清洁做到“六净”（地面、桌椅、门窗、玩具柜、口杯架、毛巾架），保持整洁。
	做好当日餐巾、口杯、洗脸巾的消毒工作，口杯、洗脸巾定位使用。
	准备好当日足量的、安全的饮用水（每日800～1500毫升/人）。
	协助教师指导幼儿的晨间活动。

续表

人员类别	行为细则
家长	按要求帮助幼儿带齐当日所需的生活和学习用品，确保幼儿不带危险物品到园。
	按时护送幼儿入园，主动让幼儿接受保健医生的晨间检查；与教师交接接送卡和晨检牌后方可离园。
	主动向保健医生和当班教师报告幼儿的特殊情况，尤其是幼儿身体的不适。
	若需委托幼儿园喂药，应主动填写好委托服药登记表（服药者姓名、性别、年龄、班级、药品名称、服药剂量、服药方法）交给保健医生。

2. 喝水环节

表 3-2　喝水环节的行为细则

人员类别	行为细则
幼儿	愿意定时喝水，需要时会主动取水喝。
	不喝生水，喝水时不说笑，不边走边喝水。
	剧烈运动后稍事休息再喝水，饭前、饭后半小时少喝水。
	用个人专用口杯喝水，口杯用后放回固定的地方。
	正确取水，不喧哗，不打闹，不玩耍，不浪费水。
教师	为幼儿准备温度适宜的白开水（30 摄氏度左右）。
	为幼儿提供干燥、整洁、安全的喝水环境，引导幼儿喝水前洗干净手。
	幼儿运动后及上午、下午各组织一次集体喝水，提醒并允许幼儿随时喝水。
	指导幼儿做好喝水量标记（标记由教师自行设计）；观察幼儿喝水量，保证幼儿日喝水量达 800～1500 毫升。
	提醒幼儿用正确的方法拿口杯，指导幼儿安全、有序地取适量的水。

续表

人员类别	行为细则
保育员	为幼儿准备温度适宜的白开水。
	提醒并帮助幼儿正确、适量取水和取放口杯。
	关注幼儿喝水情况，引导和帮助幼儿按需喝水，提醒有特殊需要的幼儿多喝水。
	保温桶每天清洗，幼儿个人专用口杯每天清洗并消毒一次。
	保证班上随时有温度适宜的饮用水，及时提醒幼儿喝水，掌握幼儿喝水量。
	若使用饮水机，每15天就要进行一次饮水机内外全面消毒。

3. 盥洗环节

表3-3　盥洗环节的行为细则

人员类别	行为细则
幼儿	随时保持手、脸清洁，饭前、饭后、便后、手脏时自觉洗手。
	正确洗手（卷衣袖，双手向下把手淋湿，抹肥皂或洗手液，搓手心、手背、手指、手缝、手腕，冲洗干净，关好水龙头，在水槽里把手甩干，用自己的毛巾将手擦干）。
	中、大班幼儿学会自己搓拧毛巾。
	使用水龙头，用小流水洗手（不玩水，不浪费水），保持地面、衣着干爽。
教师	组织幼儿有序地盥洗。
	指导幼儿正确盥洗，将正确的盥洗方法及爱清洁、节约用水等教育内容，用图示、图像、简单文字、童谣等方式，呈现在幼儿盥洗处，并提醒幼儿遵守。
	指导中、大班值日生检查盥洗结果。

续表

人员类别	行为细则
保育员	做好盥洗准备，保证幼儿用肥皂（洗手液）、流动水洗手，用消毒毛巾洗脸。
	为全托幼儿准备好早晨、晚上的盥洗用具及盥洗用水。
	保持幼儿衣着的清洁和干爽。
	随时保持盥洗室的干燥，做好防滑工作。

4. 餐点环节

表 3-4　餐点环节的行为细则

人员类别	行为细则
幼儿	餐点前自觉洗手。
	愉快、认真地进食，不边吃边玩，不大声讲话。
	愿意独立进食，不依赖保教人员；30～40 分钟吃完饭菜；15 分钟左右吃完点心。
	学会正确使用餐具：一手拿勺子（中、大班使用筷子），一手扶住碗。
	进食时会细嚼慢咽，饭和菜搭配着吃，不吃汤泡饭；不挑食、偏食，不剩饭菜，不过量进食。
	保持桌面、地面和衣服清洁，骨头、残渣放在渣盘里或堆在一起；吃完饭再站起来，轻放椅子，离开饭桌，将餐具、渣盘放到指定地点，清理好自己的桌面。
	餐后会正确使用餐巾，用后放在规定的位置。
	进餐后用温开水漱口，正确的餐后漱口方法为：在碗或口杯中倒入温开水后，喝一口水，闭着嘴咕噜几下，用水冲击牙缝，再吐出水（反复 2～3 次）。
	积极参加餐后游戏。
教师	进餐前 15 分钟提醒幼儿结束活动，做好盥洗，准备进餐。
	指导值日生分发餐具、餐巾，轻拿轻放，摆放整齐；为幼儿营造愉快的进餐环境（可放轻音乐）。

续表

人员类别	行为细则
教师	组织幼儿按时进餐，两餐间隔时间不少于3.5个小时。
	了解每餐食谱，向幼儿介绍当餐食品营养，激发幼儿进餐欲望；鼓励幼儿独立进餐，不催促幼儿用餐。
	提醒幼儿在用餐时间内进餐完毕（中、大班30分钟，小班40分钟）。
	巡视并指导幼儿正确使用餐具，观察幼儿进食量，纠正幼儿不良进餐习惯，对特殊幼儿给予个别照顾；及时处理异常情况。
	提醒幼儿饭后擦嘴、洗手、漱口。
	餐前、餐后半小时避免幼儿剧烈运动，有计划地组织餐后活动（午餐后组织幼儿散步10～15分钟）。
保健医生	早、午餐后半小时，严格按委托服药登记表逐一让已记录的幼儿服药，认真核实，确保正确无误；不能出现错服、漏服、重服、药量不足或过量等现象。
保育员	分餐前用肥皂（洗手液）洗手，餐前10分钟做好桌面消毒工作（第一遍用1∶200的84消毒液擦洗桌面，并滞留5分钟；第二遍用清水擦洗一遍；第三遍用蒸汽消毒后的专用抹布擦一遍）。
	提供的食物温度适中，避免食物过烫、过冷，严禁提供不卫生的食物。
	避免餐具造成的划伤、戳伤；领餐和分餐时，必须戴好口罩，使用食品夹或消毒筷。
	做到分盘，做到随到随分、随吃随分。
	保证每个幼儿吃饱、吃好、吃足；掌握幼儿进食情况，鼓励食量小的幼儿多进食，防止暴食的幼儿过量进食；不给幼儿汤泡饭。
	督促、指导幼儿餐后漱口。
	幼儿进餐时，不拖地，不扫地。
	所有幼儿进餐结束后及时收回碗筷，收拾餐桌，清扫地面，清洗餐巾和口杯并进行消毒。

5. 午睡环节

表 3-5　午睡环节的行为细则

人员类别	行为细则
幼儿	独立或在帮助下按顺序穿脱衣裤（脱：先脱鞋，再脱裤，冬季先解上衣纽扣，最后脱上衣；脱下的衣物放在固定的地方。穿：先穿上衣，再穿裤子，最后穿鞋子）。
	午睡时衣着适当，睡姿正确（右侧卧或仰卧）。
	不带小玩具上床，不东张西望，不蒙头、吮手、咬被角等。
	起床后，按保教人员的要求折叠好被子。
	学会分清衣裤前后，会拉拉链、扣纽扣；学会穿鞋（分清左右脚，拉好鞋舌、脚伸进鞋、拔起后跟、系好鞋带或粘好鞋扣）。
教师	为幼儿营造良好的午睡环境（可适当地放催眠曲或讲故事）。
	根据室内温度及时增减幼儿被褥。
	排除环境中的危险因素（幼儿携带的异物、灭蚊器等）。
	指导或帮助幼儿有序地穿脱衣、裤、鞋、袜，提醒幼儿将脱下的衣、裤、鞋、袜放在指定的位置；整理幼儿脱下的衣、裤、鞋、袜，摆放整齐。
	巡视、观察幼儿的午睡状况，帮助幼儿盖好被褥，纠正幼儿的不正确睡姿；看睡时动作轻，不大声说话，不能以任何借口离岗、做私活、会客、吃零食、睡觉等。
	护理体弱幼儿，观察带病幼儿，发现幼儿神色异常要及时处理并报告；照顾入睡困难、情绪和身体有异常的幼儿入睡，上床半小时后班级入睡率达到 90% 以上。
	随时保持室内空气新鲜，天暖无风时可打开窗户，拉上窗帘，但应避免对流风吹在幼儿身上；夏天酷热时（气温超过 33 摄氏度）可使用空调，室温不低于 28 摄氏度，随时准备柔软毛巾为幼儿轻轻擦去汗水。
	轻声提醒常尿床的幼儿起床如厕，发现幼儿尿床要及时进行换洗工作。
	组织幼儿按时起床，做 3～5 分钟的起床操。

续表

人员类别	行为细则
教师	起床时观察幼儿情绪有无异常，指导、帮助幼儿穿衣和整理床铺，提醒、帮助起床动作慢的个别幼儿。
	起床后检查幼儿的仪表、服装，指导、帮助幼儿梳头，组织幼儿喝水。
保育员	保持寝室通风，根据气候调整好卧具（梅雨季节做好防霉措施）。
	保证幼儿一人一床一被；保持被褥清洁、干燥，夏季凉席每天擦拭一次。
	随时保持寝室清洁与整洁，每天一小扫、每周一大扫；幼儿床具每周消毒一次。
	协助教师做好午睡管理工作，轻声提醒常尿床的幼儿起床如厕，发现幼儿尿床要及时进行换洗、晾晒工作。
	幼儿起床时，协助教师帮助幼儿穿好衣、裤、鞋、袜；指导幼儿正确折叠被子，指导、帮助幼儿梳头。
	待所有幼儿仪容仪表检查完毕并离开寝室后，再整理床铺并做好寝室卫生。

6. 如厕环节

表 3-6　如厕环节的行为细则

人员类别	行为细则
幼儿	逐渐学会大小便，解便入池。
	解便时不弄湿自己和同伴的衣裤，便后会整理服装。
	便后会用手纸自前向后擦屁股，并用肥皂（洗手液）和流水洗手。
	不在厕所逗留、玩耍。
	大小便有异常情况能主动告诉保教人员。
教师	指导幼儿正确使用手纸，提醒或帮助幼儿整理好衣裤、便后洗手。
	观察幼儿大便情况；发现异常，及时与家长联系并做好记录。
	提醒容易遗尿的幼儿解便。

续表

人员类别	行为细则
教师	掌握幼儿大小便习惯，及时提醒幼儿如厕；帮助托班及小班幼儿脱、提裤子，掌握正确如厕姿势，大小便入池，正确使用手纸；教育幼儿有便意时大胆告诉保教人员，不尿裤子；指导中、大班幼儿独立如厕，便后冲洗厕所。
保育员	准备好肥皂（洗手液），督促幼儿便后用流水洗手。
	准备好手纸，方便幼儿随时取用。
	帮助有困难的幼儿擦屁股、整理服装。
	及时为遗尿的幼儿更换和清洗衣裤。
	保持厕所清洁、通风，随时清洗、消毒，做到清洁、无异味。

7. 离园环节

表 3-7　离园环节的行为细则

人员类别	行为细则
幼儿	详见第八章第三节。
教师	
保育员	
保健医生	在幼儿离园时，向健康观察中有问题的个别幼儿家长，重点、扼要、客观地汇报该幼儿的相关情况，积极主动地争取家长的理解与配合，保留好相关资料，做好相关记录。
	请家长取回当天没有服用完的药品，并做好登记。
	做好健康教育知识宣传。
家长	凭接送卡与教师交接幼儿。
	了解幼儿情况，并做到“三看”（一看幼儿园和班级有无通知，二看“家园栏”，三看展示的幼儿活动作品和教师的活动记录）。

续表

人员类别	行为细则
家长	与幼儿交谈并做到“三问”（一问在园情绪，二问当日做了什么游戏，三问有什么想告诉家长的事）。
	清理幼儿衣物、用品。
	若幼儿当日有特殊情况，应主动与保健医生联系，了解幼儿在园的一日生活及身体情况，询问应协助的事宜。
	每月与班级教师、保育员交流一次，了解幼儿在园发展情况，及时反馈幼儿在家情况，并进行知识经验、行为习惯、心理健康教育等方面的咨询，针对幼儿存在的问题共同商议有利于幼儿发展的个性化教育措施。
	根据教育活动的需要和幼儿园要求，带领幼儿做好次日活动的经验准备和物质准备。

案例

某乡镇中心园，因园舍比较特殊，是由小学教室改造而来，一层四个班级共用一个卫生间，故形成了该园独有的幼儿生活活动常规。该园小班幼儿一日生活活动常规如下表。

某乡镇中心园小班幼儿一日生活活动常规

内容	时间	幼儿常规
晨间活动	7:30—9:00	1. 衣着整洁，愉快入园，有礼貌地和老师、小朋友问好。 2. 学会告诉老师自己的身体有无不舒服的感觉。 3. 有礼貌地和家长告别。 4. 积极投入晨间活动。 5. 自由选择喜欢的器械进行户外活动。 6. 精神饱满，动作有力。 7. 在规定的场地做操，做操时不打闹。

续表

内容	时间	幼儿常规
盥洗、点心	9:00—9:20	1. 如厕不拥挤；能在指定位置找到朋友，排好路队返回活动室，先把自己的椅子搬到位子上，然后洗手，最后拿好自己的口杯，准备吃点心。 2. 安静地吃点心，不开玩笑，不乱跑，不将食品丢在桌上、地上，保持活动室、桌面的整齐。 3. 吃完点心，能将椅子归位，擦嘴巴，在阅读区安静看书。
午餐及安静活动	10:50—12:00	1. 进餐时细嚼慢咽，不慌不忙，不咂嘴。 2. 不挑食，不用手抓食物，不剩饭菜，不弄脏桌面、地面和衣服，不东张西望。骨头、残渣放在指定的地方，不将自己不吃的饭菜挑到别人碗里。 3. 吃完饭菜后再站起来，轻放椅子，离开饭桌，送回餐具。 4. 饭后漱口、擦嘴、洗手。 5. 餐后散步或看书。
午睡	12:00—14:30	1. 自己换好拖鞋，进入寝室后，尽量自己脱袜子、裤子，最后脱上衣，并折叠整齐放在固定的地方，鞋放在床下。 2. 不带小玩具上床，迅速盖好被子，不东张西望，闭上眼睛，安静入睡。
起床、饮水	14:30—14:45	1. 按时起床，不赖床。 2. 在老师指导下穿衣服、穿鞋，整理好床铺后坐床沿等待下床。 3. 走动时，注意不要踩到其他小朋友。 4. 自己接水，排队不拥挤；喝多少接多少，不浪费。 5. 喝完水后将口杯放在固定位置。
午点	14:55—15:10	1. 安静地吃点心，不开玩笑，不乱跑，不将食品丢在桌上、地上，保持活动室、桌面的整齐。 2. 吃完点心，能将椅子归位，擦嘴巴，在阅读区安静看书。

续表

内容	时间	幼儿常规
离园	16:40—17:30	1. 将脱下的外衣穿上。 2. 和老师一起回顾一天的幼儿园生活。 3. 带好个人物品，愉快地离园。 4. 有礼貌地同老师、小朋友告别。

三、生活活动常规实施过程中的注意事项

幼儿园生活活动常规的实施，保证了幼儿一日活动的有序进行，为幼儿提供了健康、丰富的生活和活动环境。为保障常规真正促进每个幼儿富有个性地、持续地发展，保教人员在实施过程中应注意以下几点。

（一）注重整体性

生活活动常规是幼儿一日活动的一部分，但是它又贯穿于幼儿在园的所有活动中。保教人员按照活动性质将一日活动分为生活、运动、游戏、学习四大类活动，各类活动在幼儿发展中都具有特殊的价值。保教人员要注意各类活动的有机联系，做到在生活中学习、在游戏中学习，使一日生活成为真正的教育整体。同时，保教人员在常规实施过程中可以将健康、语言、社会、科学和艺术领域内容进行整合，与其他活动有机结合，促进幼儿健康地成长。

（二）注重榜样性

幼儿感受着周围所发生的一切，他们不仅看在眼里、记在心里，还会像镜子一样在行动上一板一眼地表现出来。因此，在日常生活中，保教人员必须时时、事事、处处规范自己的言行，注意自己的举止，要求幼儿做到的自己首先必须做到，努力做幼儿的表率。同伴间的影响对幼儿的发展也有不可估量的作用。保教人员有时可以抓住日常生活中的点滴小事，把握好教育时机，让幼儿向同伴学习，这也是生活活动常规培养中的有效方法。

（三）注重一贯性

保教人员要密切配合，常规培养要持之以恒。保教人员之间密切配合、要求一致、持之以恒是做好常规工作的基础。对幼儿提出的要求不能时有时无，高兴了就放任幼儿，生气了就严加管教；不能开学初，大张旗鼓地抓常规、培养幼儿的习惯，到了学期中、学期末就不管了，造成前紧后松，使幼儿的常规不稳定，时好时坏。所以，一日常规的培养，保教人员要时刻做到心中有数，只要幼儿在班上，常规的培养就是常抓不懈的工作之一。

案　例

小点滴，大成长

在一日活动各环节的衔接过程中，搬动椅子是最常见的，也是幼儿最经常做的一件事情。搬椅子看着容易，里面却藏着大大的危机。通过观察，幼儿经过一个学期的学习后，搬椅子的本领都掌握得很好了，但是教师还是在日常生活中发现部分幼儿会把椅子搬到头顶上，有的幼儿懒惰地直接拖椅子，有的幼儿还一边搬一边聊天或开玩笑。特别在午后将椅子搬到活动室各个区域的时候，幼儿有的在抢椅子，有的撞在一起，有的阻碍了别人走路。在下一次自主活动排座位前，教师和幼儿一起商量怎样又快又好地排座位。通过实践和引导，教师采用了就近搬椅子的方法，让幼儿减少相互间的干扰与碰撞，同时通过儿歌“双手扶住小椅子，轻轻拿来轻轻放”及时提醒幼儿，让他们学会用正确的方法搬椅子。活动室里碰撞少了，盲目地搬着小椅子走来走去的幼儿也少了。

我们知道，班级常规直接关系到幼儿的成长和教师组织一日活动的质量。如果班级的常规没有培养好，幼儿就很难养成良好的习惯，教师也要分散精力去维持各种活动环节的秩序而影响活动的质量，所以常规培养是组织各类活动的前提和关键。

当我们发现幼儿存在不好的行为习惯时，我们要抓好活动中的

"第一次"。比如，在组织区域活动变换座位时，需要幼儿自己搬椅子，这就是幼儿第一次遵守规则的时机。这时教师就要明确规则，告诉幼儿正确搬动椅子的方法。如果幼儿忘记了或者忽视了，就请幼儿重复练习，直到幼儿养成正确的习惯，这就是抓住幼儿的"第一次"。再就是要持之以恒，循序渐进。规则是在不断重复执行中逐渐养成的一种比较稳定的行为倾向，一个动作、一种行为重复多次就会成为习惯。所以，我们不要轻易地对幼儿做出妥协和让步，要多鼓励、引导幼儿，培养他们遵守规则的意识。

总之，规则是有序组织各种活动的基础，教师不要小觑生活中的点点滴滴，这对幼儿来说都是行为习惯养成的时机。在一日活动中如何让幼儿感知并遵守各类规则，需要教师不断地学习、反思和总结，然后再运用到教育实践中去。

（四）注重一致性

保教人员要与家长形成良好的教育合力。幼儿在幼儿园里形成的良好习惯，往往回到家里就会"变样"，如穿脱衣服、整理床铺等自我服务的内容在幼儿园会主动去做，回到家里却被成人包办代替。家庭是幼儿园重要的合作伙伴。保教人员应本着尊重、平等、合作的原则，争取家长的理解、支持。家庭与幼儿园形成教育合力是培养幼儿一日常规的关键，有了家长的支持和配合，常规培养才能收到良好的效果。

（五）注重随机性

保教人员应将生活的过程作为教育的过程，善于发现生活中的教育契机，有效利用。比如教师会在班级中建立值日生制度，有一天值日生在分餐具时不认真，部分幼儿和教师发现了，此时师幼就可以讨论"如何当好值日生"，还可以把值日生的职责和对值日生的要求画下来，形成班级"值日生公约"。如此，利用小小的事件，抓住时机开展教育活动，随机结合谈话与绘画活动，形成班级常规，既尊重了幼儿的主体性，又解决了班级日常活动中的问题。

幼儿园生活活动常规培养要从点滴开始，周而复始、循序渐进地进行，对幼儿付出爱心，付出耐心，你会从他们身上看到许多闪光的地方，也会发现他们是那样具有潜力。

本章练习题

1. 你认为幼儿园生活活动常规教育的意义是什么？

2. 如何根据不同年龄阶段的幼儿特点，有针对性地制订与实施生活活动常规？

第四章　入园环节

入园环节是幼儿园一日生活的开始。由于幼儿园教育的特殊性，幼儿园的入园环节往往时间跨度较长，并且对家长开放。那么，面对一个时间跨度较长、相对开放的入园环节，保教人员要如何组织、指导呢？本章将从入园环节的内容、良好的入园环节的作用以及入园环节的指导要点等方面进行阐述。

第一节　入园环节的内容和作用

一、入园环节的内容

入园环节一般指幼儿早晨进入幼儿园后的一段时间的活动，以及保教人员利用这段时间迎接幼儿并引导幼儿开展相关活动的过程。一般来说，入园环节包括入园准备、晨间检查、晨间活动三个部分。

（一）入园准备

入园活动不是随意的活动，是有目标、有计划、有准备的活动。保教人员要提前做好准备工作，包括以下三方面：第一，做好健康、安全的物质环境准备。例如，保教人员打开活动室的门窗、擦地、摆桌椅、准备玩具、准备幼儿活动材料、检查有无不安全因素等。第二，做好积极向上的情感准备。保教人员在入园前要调整好自己的情绪，以良好的状态迎接幼儿，面带微笑地与幼儿打招呼、问好。第三，做好个别幼儿教育的准备工作。例如保教人员在晨间接待时表扬准时入园的幼儿，鼓励幼儿养成准时入园的良好行为习惯。

（二）晨间检查

晨间检查，可根据各园的情况，由保健医生负责。检查内容包括幼儿的卫生和健康状况（保健医生的晨检行为细则，详见本书第三章）。

（三）晨间活动

晨检后的晨间活动没有固定模式。保教人员可以给不同年龄段幼儿安排不同的晨间活动内容。晨间活动多以小型、多样的分散活动为主，幼儿可根据自己的兴趣、爱好，自主选择游戏主题、玩具、玩伴，参加不同类型的活动，如看图书、搭积木、下棋、折纸、绘画、玩娃娃家、做科学小实验等。保教人员可利用这段时间与幼儿亲切地交谈，对幼儿进行个别教育；指导中、大班的幼儿做值日生工作，如洗口杯、擦桌椅、给自然角的动物喂食和给植物浇水等。

二、入园环节的作用

入园环节涉及的对象主要包含幼儿、幼儿家长和保教人员三方。其中，幼儿是三者中的主要角色。在一定程度上，幼儿的情绪会影响另外两方的状态。让幼儿有积极、愉悦的情绪体验，喜欢上幼儿园并产生安全感，是保教人员和家长共同的心愿。从心理角度分析，家长、保教人员、幼儿三方在入园环节有良好的体验，对提高后续活动的效果大有裨益。

（一）入园环节对家长的作用

入园环节，是家长了解幼儿在园表现、了解幼儿园教育的重要时间段，同时也是家长向保教人员反馈家园共育信息的重要时间段。良好的入园环节，能够坚定家长对幼儿园教育的信心，奠定家园配合的基础。

（二）入园环节对保教人员的作用

第一，入园环节是保教人员开展家园共育的“一扇窗”，是实现家园沟通的重要途径。通过入园活动，保教人员将自己的工作方式、教育理念、教育方式逐渐渗透给家长，并与家长沟通协作，实现家园共育。第二，通过入园环节，保教人员可以实现一定的教育目标。第三，通过入园环节，保教人员可以为幼儿营造良好的心理环境，为一日活动的顺利开展做好准备。

（三）入园环节对幼儿的作用

入园活动中幼儿可以获得丰富的体验与经验。第一，学习主动和保教人员、同伴打招呼，体验相互问候的愉悦情感。第二，愿意与家人做暂时的分别，开心地与家人说“再见”。第三，愿意接受晨检，并懂得把自己的身体情况告诉保健医生，让保健医生更多地了解幼儿。第四，能自主管理自己，并且井然有序地摆放、整理自己的物品。在自我服务过程中，幼儿能体验自信和成就感。第五，能主动参与入园活动的材料准备以及为他人服务的活动，了解并掌握简单的劳动技能。

第二节　入园环节的指导要点

不同年龄段的幼儿，在入园环节中表现出的情绪状态是不同的，因此保教人员在入园环节中对不同年龄段幼儿的常规要求也应该不同。保教人员应该在了解、尊重幼儿身心发展特点的基础上，创设良好的入园环境，引导幼儿体验轻松、愉悦的氛围，做到愉快打招呼，愿意接受保健医生的晨间检查。保教人员要设计有趣、丰富的活动内容，积极引导、鼓励幼儿自主管理并投入活动，促进幼儿在交往礼仪、认知经验等方面的发展，以此使入园环节既面向全体，又适合个体，真正成为有趣、美好的一天的开始。

一、入园环节中的环境创设

一个有准备的入园环境，既能保障幼儿的安全，也能让保教人员有序、稳定地开展活动。这里说的环境一般包括心理环境和物质环境两个方面。在环境创设过程中，保教人员可以关注以下方面。

（一）营造良好的心理环境

幼儿入园时，会有不同的个人感受和表现。入园环节中，幼儿反映出来的情况与后续的活动开展息息相关。只有当幼儿喜欢自己班级的氛围，他们愉快的情绪才会从入园这一刻被调动起来，积极主动地投入后面的每个环节。

（二）创设安全的活动环境

保教人员应养成检查班级环境安全的习惯。保教人员可以从进入幼儿园开始，环顾四周并有侧重地检查一些物品的安全性（如有无尖硬物品，通风情况如何，椅子是否牢固，电线是否安全，地面是否干燥，安全门是否通畅，等等）。

（三）布置“会说话”的活动环境

入园环节通常是一个漫长又烦琐的“系列活动”。幼儿需在入园环节主动与保教人员及同伴问好，与家长愉快地告别，积极配合晨检，插晨检牌，喝水，预约区域活动，完成值日生工作，等等。入园环节的琐碎，需要保教人员营造一个“会说话”的环境，让环境影响幼儿，教育幼儿养成良好的生活习惯和学习习惯。例如，有的保教人员在活动室运用图文结合的方式直观地呈现入园环节要求，让无声的环境变成“会说话”的环境，让幼儿于无形中养成良好的习惯。

二、入园环节中保教人员的行为要求

第一，提前5～10分钟到园，做好进班前的准备，如整理好仪表、调整并保持良好的情绪状态等。

第二，热情接待每一个幼儿，主动问候并及时鼓励幼儿的细微进步，让幼儿感受保教人员的关怀与爱。引导幼儿主动打招呼，并积极回应。对于情绪不好的幼儿要通过观察、谈话等方式了解原因，通过关爱、鼓励等方式帮助幼儿调整好情绪。

第三，鼓励幼儿主动与家人告别，愉快地说“再见”。

第四，仔细观察幼儿的晨检情况和随身携带的物品，如发现异常要及时了解原因并妥善处理。可帮助幼儿清理过长的指甲，方便幼儿活动并保证安全；协助保健医生做好药品交接，了解药品剂量、服药时间、服药方式，保证幼儿用药安全，另外要及时在晨检表上记录。

案 例

祖传挂件不见了[①]

离园时分，轩轩的妈妈接到轩轩后，突然转身对教师说："我儿子脖子上的挂件不见了，老师麻烦你帮忙找找。"教师赶紧询问轩轩挂件是何时不见的，并立刻在教室各个地方寻找，然而并没有找到。轩轩妈妈焦急地说："老师，挂件可能丢在哪里？你仔细找找，我这个是祖传的挂件啊！"教师问："是否会在家里？"妈妈肯定地说："不可能，轩轩每天都戴着的。"就在大家万分着急再次搜寻时，另一位搭班老教师正好看见，当她知道发生的事情后，马上对轩轩妈妈说："你的孩子今天没有戴挂件。"妈妈说："不会的。"老教师说："我肯定他没有戴。你的儿子每天戴名贵挂件，所以我一直很注意，每天他来的时候都会在他脖子处摸一下。今天我也摸了，没有挂件。我建议你回家找找，很可能在家里。"听了老教师的话，轩轩妈妈将信将疑地带着孩子回去了。第三天，妈妈反映她在家里的床底下找到了挂件。

老教师给年轻的教师上了生动的一课，让她明白原来入园有很多工作可以做，如果我们在孩子入园时细致些，就会给离园带来很多便利。

第五，引导幼儿自主管理。首先，培养幼儿良好的自我服务意识。例如，引导幼儿有序摆放个人物品。其次，培养幼儿积极为他人服务的能力。保教人员应鼓励并指导幼儿参与来园后晨间活动的材料摆放，根据晨间活动安排摆放区角、运动等不同游戏材料。最后，保教人员应根据幼儿年龄特点开展不同形式的入园签到活动（如图 4-1、图 4-2），通过签到活动培养幼儿的时间观念。

---

① 佚名：《幼儿园一日生活概论》，2017 年 5 月 7 日，见 https://max.book118.com/html/2017/0506/104729460.shtm，有改动。

图 4-1　入园签到 1

图 4-2　入园签到 2①

第六，与家长进行简单的沟通，及时记录幼儿的特殊情况。保教人员要记录家长的嘱托和要求，简短并有针对性地了解幼儿的生活、健康情况以及季节变化时的身体状况等，以便在后续活动中继续观察；切记不可与家长在入园环节做长时间漫无目的的交谈，这样会影响保教人员对其他幼儿的关注和保护。

第七，仔细观察每一个幼儿选择的活动内容与活动同伴的情况，并给予适宜的引导。入园环节，是幼幼互动、师幼互动、个别教育的重要时机，保教人员一定要充分利用入园环节做好幼儿的教育工作。

第八，引导幼儿自主活动。晨间活动要以幼儿自主选择为主。在组织晨间活动的过程中，保教人员应引导幼儿根据自己的需求自主安排时间，鼓励幼儿自主选择活动内容，让幼儿有一定的自主权。

“一日之计在于晨”，入园环节是保教人员关注幼儿的大好时机。保教人员要紧紧抓住这一时机，有计划地组织入园环节，让幼儿以愉悦的情绪开始一天丰富多彩的生活。

本章练习题

1. 你认为幼儿园入园环节的作用有哪些？
2. 作为保教人员，你该如何做好入园活动中的环境创设？

金教鞭

① 本图片由福建省实验幼儿园提供。

第五章　餐点环节

案例

现在的幼儿在家里都是小皇帝、小公主，相当一部分幼儿用餐需要爷爷奶奶或爸爸妈妈喂，有的幼儿虽然自己能学着用餐，但是速度比较慢。教师经过一段时间的观察发现：有的幼儿在教师的教导下能学会自己用餐，有的幼儿还需要教师的帮助才能完成，还有的幼儿吃饭速度慢、桌面不干净，更有幼儿喜欢把自己的汤倒在饭里再吃。

出现这样的情况是因为现在的幼儿是家里的宝贝，家长们会尽量满足幼儿的一切要求，特别是祖辈家长对幼儿更是娇惯和溺爱。对于年龄小的幼儿，让其独立进餐肯定有困难，可是家长发现这样的情况后并没有在旁督促、帮助幼儿养成独立进餐的习惯，而是直接喂饭。幼儿在家常由多位家长共同照顾，但是来到幼儿园后，变成了教师照顾多个幼儿，因此幼儿一开始无法适应集体生活。

保教人员可以采取以下措施：第一，在晨间谈话时，教幼儿如何用餐以及用餐时的注意事项，如保持桌面和地面的卫生。第二，在教育活动中加入引导幼儿正确用餐的内容。第三，编一些浅显易懂的儿歌，帮助幼儿巩固良好的进餐习惯，如："白米饭，香喷喷。绿青菜，有营养。右手拿小勺，左手扶小碗。啊呜啊呜大口吃，看谁吃得最香甜。""小兔吃青菜，小猫吃鱼虾，不挑也不拣，个子长得高。"进餐时向幼儿介绍进餐的食物，引起幼儿的兴趣。第四，对进餐行为较好的幼儿给予适当的表扬，巩固其好习惯，也为其他幼儿树立榜样。

总之，幼儿园的进餐教育，以小班为重点，逐渐形成相应的常规；在中班则是巩固常规；到了大班时，就应该引导幼儿将常规转化为自觉的行为。保教人员要对挑食和偏食的幼儿宣传各种食品的营养价值及其对生长发育的作用，可以将幼儿不爱吃的食品精心制作成适合幼儿年龄特点的食品。在幼儿逐步养成良好的进餐习惯后，保教人员还要培养幼儿文明的进餐习惯，如进餐前道谢，嘴里含食物时不讲话，不挑食，不剩饭，安静进餐，需要添饭时主动要求，等等。

第一节　餐点环节的内容和作用

一、餐点环节的内容

陶行知先生指出，“全部的课程包括了全部的生活：一切课程都是生活，一切生活都是课程”①。挖掘一日活动中各环节的教育资源，树立整体的教育观，是幼儿园“一日活动皆课程”的重要表现之一。幼儿的餐点环节是生活活动的重要组成部分。科学地组织餐点环节，不仅有助于幼儿养成良好的进餐习惯、生活习惯，培养幼儿基本的生活自理能力，促进幼儿身心和谐、健康发展，也有助于班级良好常规的建立，使得幼儿方便、保教人员轻松。

幼儿在园的餐点一般包括早餐、午餐、晚餐及上午点心、午睡后的点心，多数幼儿园为“一餐两点”。幼儿需要从膳食中获取充足的营养，保证其自身生长，且幼儿生长快、代谢旺盛，需要的营养比成人多，在食物的选择上就和成人有所不同，因此保教人员必须了解幼儿营养知识，根据幼儿身体发育的特点，合理安排好幼儿的一日膳食。

第一，三餐的食品一定要符合当地的地域特点。俗话说“一方水土养育一方人”，例如生活在海边的幼儿，可多安排海鲜水产，生活在内陆的幼儿，可多安排肉类食物；又如有的地方饮食喜辣，有的地方饮食喜甜，等等。所以保教人员要根据幼儿的基本情况、地域特点来搭配食品。

① 陶行知：《陶行知全集》（第2卷），四川教育出版社2009年版，第297页。

第二，每周一的食物总体要清淡，因为有的幼儿周末在家里饮食不规律或有积食的现象，所以，周一的食物要简单、可口、清淡。

第三，三餐食品的搭配要符合季节的特征。例如春季可以吃一些韭菜、芹菜等，夏季可提供西红柿、冬瓜等，秋天要多吃南瓜、藕、红薯等，冬天要多吃萝卜、白菜等。

第四，幼儿配餐中不提供凉菜，同时要注意一些特殊蔬菜的处理，例如各种豆角、各类蘑菇等。

第五，幼儿三餐的食物一定要煮透、煮烂，出锅的菜要及时配给各班，不宜放置过久；不提供过夜的剩菜、剩饭；注意食物的软硬搭配、干稀搭配，训练幼儿的咀嚼能力。

第六，注意饭菜的留样和品尝。现在经常会有幼儿园或学校发生学生食物中毒的报道，所以，留样和品尝是非常重要的保护和预防措施。建议每餐配餐前，要有专人对食品进行品尝，这样能够及时发现问题，把住食物中毒的最后一道关。留样则需将每餐的每种食物按要求留足200克，分别盛放在消毒好的密闭饭盒或食品保鲜袋中，存入冰箱保留48个小时，并且由专人负责登记。

第七，不擅自更改食谱的内容。食谱是根据幼儿对热量及各种营养素的需要而制订的，是幼儿园买菜做饭的“指南”，因此幼儿的食谱不能随意制订或更改。食谱应每周更换，有条件的幼儿园应定期计算并分析食物的营养，作为调整食谱的依据。

第八，幼儿园不给幼儿提供零食，也禁止幼儿自带零食，以免使幼儿因为吃多零食而积食。

二、餐点环节的作用

幼儿进餐活动是幼儿园一日生活的重要组成部分。餐点环节是培养幼儿良好进餐习惯和自理能力、促进幼儿身心健康发展的重要环节。

（一）促进幼儿的生长发育

幼儿正处于生长发育旺盛的时期。幼儿园餐点中的能量和营养能为幼儿提供身体生长、代谢和生活活动的基本保障，有效促进幼儿的健康成长。幼儿园中往往存在幼儿偏食、挑食、畏食、进餐困难等问题，如果保教人员忽视对幼儿餐点环节的指导，就会导致幼儿身体摄入的营养不够均衡，满足不了幼儿的生长所需，从而影响幼儿的身体发育。因此，幼儿园的餐点环节尤为重要。

（二）培养幼儿良好的进餐习惯

《纲要》在健康领域中明确提出，幼儿要“生活、卫生习惯良好，有基本的生活自理能力”。幼儿园的餐点环节有助于培养幼儿的良好进餐习惯，这对幼儿一生的成长都具有十分重要的意义。良好生活习惯的养成是一个长期的过程，需要保教人员和家长的共同配合，因此保教人员和家长要及时沟通，了解幼儿的进餐习惯，家园合作，共同支持幼儿形成良好的进餐习惯。

第二节　餐点环节的指导

食物为幼儿身体发育提供了充足的营养，是幼儿生活、学习的物质前提。现实中，幼儿园餐点环节的组织并不尽如人意，如有的保教人员催促幼儿快点吃，使原本轻松、愉快的进餐活动变得紧张起来；有的保教人员强迫幼儿吃，使幼儿感到焦虑、不安，降低了食欲；有的保教人员对偏食、挑食的幼儿缺少关注、引导，忽视对幼儿良好进餐行为和习惯的培养……因此，保教人员应注意对餐点环节的组织和指导。

不同年龄阶段幼儿身心发展水平不同，在餐点环节表现出的状态、需求也不尽相同。保教人员要明确不同年龄阶段的幼儿在进餐中存在的突出问题，有目的、有计划地开展丰富多样的活动，并适时加以帮助、指导，以实现餐点环节的温馨、有序，保证幼儿摄取充足的营养，促进幼儿养成良好的习惯。

幼儿园餐点环节的活动主要包括：餐点前的心理准备、餐点前的盥洗，餐点中幼儿技能的掌握、习惯的养成，餐点后的整理、盥洗。多数幼儿在园要吃“一餐两点”，即午餐和上午点心、下午点心。因此，幼儿的营养摄入、进餐技能的提高、习惯的养成等与幼儿园餐点环节的活动的关系密切。所以，在餐点环节对幼儿有明确的常规要求是非常有必要的（幼儿在餐点环节的行为细则，详见本书第三章）。

一、餐点环节易发生的问题

家长事事包办的教养方式使幼儿的进餐技能、进餐习惯没有得到很好的培养。当幼儿从家庭来到幼儿园后，面对进餐环境、进餐要求的变化，既没有饭来张口的支持，又缺乏独立进餐的技能，因此幼儿进餐时就出现了诸多的问题。保教人员要进行有针对性的帮助、指导，提高幼儿的进餐技能，支持幼儿养成良好的进餐习惯。

幼儿身心迅速发展，开始出现独立的心理倾向，喜欢自己尝试做事情，但因为手眼协调能力不足，进餐技能欠缺，又因家庭教养方式不当，餐点环节中易存在以下问题。

第一，心理焦虑，不愿吃饭。初入园的幼儿对幼儿园的环境感到陌生，幼儿对保教人员的依恋感、信任感尚未建立，缺乏安全感，心理焦虑，导致不愿吃饭。

第二，独立进餐有困难。因成人教养方式不当，认为幼儿年龄小，什么都不会，或因父母工作忙而没有时间和耐心帮助幼儿学习进餐技能，幼儿进餐活动全由成人包办，造成幼儿强烈的依赖性和进餐技能缺失。

第三，偏食、挑食，排斥带有特殊味道、颜色的食物。另外，脾胃不适、疲惫、情绪不稳定、运动过度、睡眠不足等也会导致幼儿暂时性的偏食或挑食。

第四，进餐习惯尚未养成。有的幼儿吃完一种食物再吃另一种食物，不会搭配着吃；有的幼儿以流食为主，习惯于吸食而不会张嘴咀嚼食物。

二、餐点环节的指导要点

（一）餐点前的指导

托班、小班：

◆保教人员做好餐前准备，洗干净双手。

◆营造宽松、温馨的进餐氛围，安抚幼儿情绪，为幼儿愉快进餐做好心理准备。

◆餐前 15 分钟做好桌面消毒工作。

◆帮助幼儿有序做好餐前如厕、洗手活动。

◆指导幼儿参与摆放餐具的活动。

◆用形象、有趣的语言，向幼儿介绍饭菜营养，激发幼儿进餐欲望。

◆注意夏季散热、冬季保温，保证幼儿食物温度适中；取来的饭菜放在餐桌安全处，提醒幼儿不要靠近，以免烫伤。

中班、大班：

◆保教人员做好餐前准备，洗干净双手。

◆引导幼儿在餐前保持愉悦心情。

◆餐前 15 分钟带领值日生做好桌面清洁、消毒工作。

◆指导幼儿自主、有序地做好餐前如厕和洗手活动。

◆指导值日生分发餐具，摆放整齐，轻拿轻放。

◆鼓励幼儿用喜欢的方式，向同伴介绍饭菜营养，激发幼儿进餐欲望。

◆注意夏季散热、冬季保温，保证幼儿食物温度适中；取来的饭菜放在餐桌安全处，提醒幼儿不要靠近，以免烫伤。

保教人员在进餐前还可以通过游戏，引导幼儿完成进餐前的准备。

首先，用音乐律动和手指游戏等方式组织幼儿盥洗，减少幼儿等待现象。

盥洗是餐前必不可少的程序，从第一个幼儿开始洗手到最后一个幼儿洗完手中间有一段时间差，从洗完手到端到碗吃饭又有一段时间差，是幼儿消极等待比较多的环节。如何减少多数幼儿的消极等待？一些幼儿园进行了多次的教研和尝试。保教人员积极开动脑筋，每个班形成了自己独特的组织方式：有的班组织幼儿开展音乐律动活动，以减少幼儿消极等待的时间。保教人员先将幼儿分组，经过多次的观察，总结出每次进盥洗室的合适人数和所需时间，然后对音乐的长短进行调整。当一组幼儿进行盥洗活动时，其余幼儿就专心地随音乐做律动；律动的音乐会定时更换。有的班组织幼儿玩手指游戏，以调动幼儿的积极性。幼儿学得开心，保教人员组织得轻松，环节过渡不再是一个难题。

链　接

进入盥洗室这段时间容易出现幼儿滑倒、幼儿玩水将衣服弄湿等问题。保教人员应全面照顾、及时督导、仔细检查，确保地面随时保持干燥，并在幼儿洗手完毕后，指导幼儿整理好毛巾。

其次，创设宽松的进餐环境，开展餐前食谱播报活动，增进幼儿的食欲。

良好的进餐环境有利于促进幼儿消化液的分泌、激起幼儿食欲，因此保教人员应努力为幼儿进餐创造温馨、宽松的环境。中、大班幼儿有了一定的独立性，为了锻炼幼儿的表达能力，可每天由值日生提前一天在家中和家长一起收集与当天食谱相关的营养知识，在餐前当小小信息播报员，向全体幼儿播报当餐的食谱及其营养价值。小班幼儿自主性不够，对于饮食的营养价值认识不够，可由保教人员事先了解当天的食谱，利用色彩艳丽的图片与生动的讲述在餐前向幼儿介绍、播报食谱，不仅让幼儿了解每种菜对自己身体生长的好处，还营造了幼儿想吃、乐吃、爱吃的心理氛围。

链　接

除了对餐具、餐桌进行消毒外，幼儿进餐的场所还要保证空气流通、温度适宜，多风的季节注意避免对流风使幼儿的饭菜过凉。

幼儿进餐时，保教人员不要在一旁大声喧哗并议论饭菜质量，以免影响幼儿进餐。

必须由两位教师或一教一保同时照顾幼儿进餐。在进餐过程中，要求配餐教师或保育员束发并佩戴口罩。

（二）餐点中的指导

托班、小班：

◆盛饭菜时动作要轻，根据幼儿的进食量为幼儿盛饭，少盛勤添。

◆鼓励幼儿尝试自己取饭，提醒幼儿端平、慢走，轻拿轻放。

◆鼓励幼儿吃各种食物，在保教人员帮助下吃完属于自己的那份饭菜。

◆指导幼儿学习使用小勺进餐，提醒幼儿喝汤时两手端平饭碗，避免泼洒。

◆引导幼儿知道面食与米饭、干点与稀饭、主食与配菜要搭配着吃。

◆关注个别不会咀嚼、吞咽有困难的幼儿，及时给予指导和帮助。

◆帮助、指导幼儿尝试学习吃带皮食物的方法。

◆以亲切的口吻帮助吃饭慢、胃口不好、身体不适等幼儿吃饱、吃好，纠正个别幼儿吃汤泡饭的习惯。

◆引导幼儿懂得不把自己不吃的饭菜放到别人碗里。

◆关注生病、有食物过敏史的幼儿进餐，适当调整食物搭配。

中班、大班：

◆盛饭菜时动作要轻，根据幼儿的进食量盛适量饭菜。

◆提醒幼儿有序端取饭菜，安静进餐，对挑食、偏食以及暴食的个别幼儿给予及时的指导和帮助。

◆鼓励幼儿身体不适时主动告诉保教人员，保教人员根据实际情况及时调整幼儿进餐量。

◆指导幼儿学习吃鱼的正确方法。

◆指导幼儿正确使用筷子。

◆引导幼儿养成细嚼慢咽、安静进餐、不剩饭、不暴饮暴食等良好进餐习惯。

◆与家长协商一致，帮助肥胖幼儿适当控制进食量，调整食物结构。

链　接

热点问题讨论：怎样给幼儿盛饭才科学、合理？

（1）早餐中如有馒头、小菜，教师要在馒头中夹好小菜并放在餐盘里分发给幼儿，盛流质食物时注意食物要保持温热。

（2）原则上要求小班、托班幼儿的饭菜放在一起，碗要比中、大班的大一些；中、大班幼儿的饭菜分开放，可以用两只碗，一只装饭，一只装菜。幼儿吃饭最好不要用盘子，因为盘子太浅，不好端，并且装不了多少带汤汁的菜。

(3) 保教人员要站在餐桌前对着幼儿盛饭菜，如果使用手推车分餐，要将推车推到餐桌前。

(4) 给幼儿盛饭菜时要注意合理分配，如第一碗米饭要多盛些。盛菜时注意荤素搭配，荤菜的量要均匀，不能有的幼儿吃得多、有的幼儿吃得少，肉丸、鸡翅、鸡腿、大排等应数好再分配给幼儿。

(5) 如果吃鸡腿、大排、汤包等，要在每张餐桌上放置一些纸巾，让幼儿擦手，同时在餐桌边放置垃圾袋或垃圾盒，让幼儿放骨头。

保教人员在指导幼儿进餐时，还需注意以下几点。①

第一，把握好幼儿进餐时间，引导幼儿掌握正确的进餐方法。

保教人员应该把握好幼儿进餐时间，幼儿每次进餐所用时间在30～40分钟为宜。针对吃饭过快的幼儿，保教人员应该及时提醒其细嚼慢咽；对于进餐时边吃边玩、东张西望、把饭含在嘴巴里不肯吞下去、吃饭过慢的幼儿，保教人员应该找出具体原因，运用各种指导策略引导幼儿逐步调整用餐时间，并支持、鼓励有进步的幼儿。在小班主要是教给幼儿进餐的要求和方法，如在椅子上坐端正、一手扶碗一手拿勺子、饭往嘴巴里喂时要用碗接住掉下来的饭粒等；到了中、大班则教幼儿学习怎样正确使用筷子进餐。

第二，规范幼儿端饭路线，确保进餐中的安全。

保障幼儿进餐过程中的安全是个令保教人员头疼的问题。尽管保教人员经常强调安全，但还是免不了因幼儿端饭引起的泼洒或碰撞。怎样解决这个问题呢？一些保教人员经过一段时间的观察和摸索，找到了其中的窍门：所有的幼儿按照规定的路线（如逆时针从后到前）行走，就能避免碰撞。于是保教人员对幼儿分组端饭的路线进行统一规划，每组由组长带队，按规定的路线行走。刚开始几天，保教人员需要不断地提醒，后来幼儿形成了习惯，也就自然解决了因端饭引起的泼洒或碰撞问题。

第三，创设宽松的进餐环境。

在餐点环节中，我们常常听到这样善意的提醒："好好吃，别说话。""不要把米粒撒在桌上。"……原本愉快的幼儿顿时严肃起来。从生理特点来看，当人的情绪低落时，消化液的分泌受到抑制，人就没有食欲。保教人员对吃得慢的幼儿的催促以及对规则的提醒，容易使幼儿的神经处于紧张状态，引

---

① 佚名：《一日生活中如何科学地组织幼儿进餐环节?》，2019年12月12日，见https：//www.sohu.com/a/360041846-783950，有改动。

起幼儿的反感、紧张，从而影响了幼儿食欲，造成幼儿厌食、畏食。进餐时适度给幼儿自由说话的权利，体现了对幼儿的尊重，也体现了教育的开放性。那么，保教人员是否就因此对幼儿放任不管呢？给幼儿一个宽松的进餐环境不等于放任自流。在进餐过程中，在没有影响其他幼儿或破坏进餐活动的前提下，幼儿相互交流或自言自语的行为不应受到纪律的束缚。如果一些幼儿的行为干扰到别的幼儿吃饭，这时保教人员就需要维持纪律，让幼儿了解纪律的重要性，并逐步引导幼儿学会自控。

第四，培养幼儿良好的进餐习惯。

养成良好的生活与卫生习惯，是幼儿园生活教育的重要目标。许多幼儿存在挑食、边吃边玩等不良习惯。如何让幼儿养成良好的进餐习惯，成了很多幼儿园教研的重要内容。一些保教人员也探索出了一些做法：一是榜样示范法。保教人员利用幼儿爱接受表扬的特点，为他们树立榜样，请吃饭干净、整洁且动手能力强的幼儿示范吃饭的样子给大家看，让幼儿明白自己动手吃饭是件很容易的事情，从而让依赖性强的幼儿开始自己动手吃饭。二是座位调整法。一些幼儿园把班级中进餐存在困难的幼儿集中在一起管理，但效果不是很理想。后来，保教人员经过实践，改变了方法，把吃得慢的幼儿和其他幼儿混搭在一起，吃得慢的幼儿看到自己周围的同伴吃得这么香、这么快，自然受到感染，也会加快速度。

第五，公平对待每一个幼儿。

保教人员在分饭时一定要做到公平对待。这里的公平不是说所有的幼儿分得一样多，而是要根据每个幼儿的饭量适量增减饭菜，保证每个幼儿都能吃好。保教人员在第一次分饭菜时，应以中等量为准，不能为了减少麻烦一下分很多，一方面不利于幼儿端，另一方面容易让幼儿产生畏惧心理。特别是胃口差的幼儿，盛的饭菜不能太多，否则会使他养成剩饭剩菜的习惯；如果根据他的饭量盛适量的饭菜，可使他从独立吃完饭菜的活动中体会成功的喜悦，养成良好的进餐习惯。

链　接

热点问题讨论：幼儿吃饭时应该催促吗？

幼儿园是培养幼儿良好生活习惯的阶段。幼儿进餐时，保教人员常会说“快点吃、快点吃”。笔者通过在幼儿园多年的观察，发现保教人员在午餐时的催促语句“快点吃、快点吃”，对于那些吃得慢的幼儿其实是无效的。同时，有的幼儿为了吃得快就会直接吞咽，影响食物的消化和营养吸收；有的幼儿会因为吃得快而发生呕吐现象。保教人员一味地催促是不妥当的，而且会导致很多幼儿将“吃得快”作为第一目标，使得本应轻松、愉悦的进餐活动染上了目的性。细嚼慢咽这个道理保教人员都知道，但是在进餐管理时，常常容易被保教人员所忽视。吃饭时咀嚼得慢一些，一方面可使食物和唾液充分混合，帮助人体初步消化食物，还可使胃肠充分分泌各种消化液，使吃下去的食物消化得更好些；另一方面，充分咀嚼食物，有利于幼儿颌骨的发育，并能够预防龋齿和牙周疾病。细嚼慢咽不仅是进餐时文明行为的表现，也是良好的生活习惯。因此，我们应该培养幼儿养成细嚼慢咽的好习惯，而不是过分地催促。

（三）餐点后的指导

托班、小班：

◆帮助、指导幼儿掌握饭后擦嘴、洗手、漱口的正确方法。

◆指导幼儿学习将餐具分类放在固定的容器里。

◆组织幼儿餐后进行安静的区域活动。

◆等待幼儿进餐结束后进行湿性扫除。

◆有计划地组织幼儿开展餐后散步、户外观察等安静的活动。

◆新生入园初期要详细向家长反馈幼儿进餐情况，并提出有针对性的意见和建议。

中班、大班：

◆引导幼儿有序地完成饭后擦嘴、洗手、漱口等工作。

◆鼓励幼儿主动整理餐具，收拾食物残渣。

◆提醒幼儿餐后自主选择安静的区域活动。

◆指导值日生进行桌面、地面的卫生清理工作。

◆组织幼儿开展餐后散步、户外观察和自由活动。

保教人员在指导幼儿进餐后，应注意：第一，因为幼儿进餐的速度不一，保教人员既要照顾进餐的幼儿，还要照顾餐后的幼儿，这时值日生就成了保教人员的得力助手，不同的分工使值日生各司其职。第二，餐后，幼儿需要进行一些安静的活动，这个时间段也成了幼儿自主选择游戏的时间。可引导幼儿根据意愿，自主选择看图书、玩橡皮泥、搭积木、画日记等活动。保教人员可以为幼儿创造一个与同伴融洽交往、与保教人员积极互动的环境，使幼儿在语言能力、知识经验、人际交往等方面有所发展。

三、餐点环节的注意事项

（一）幼儿进餐时不可以催促或比赛，也不能强迫幼儿过度进食，否则会引起幼儿消化不良甚至呛噎，造成气管异物事故。

案　例

幼儿园内吃早饭　5岁男童被噎死①

2011年6月14日，L市城关区刘家滩的一所民办幼儿园内，一名5岁的男孩在吃早饭时突然脸色惨白，捂着脖子说不出话。老师赶忙检查，发现孩子嘴里塞满了东西，呼吸困难。当时老师急忙使劲拍打孩子的背部，但是没有用。园长和老师立即将孩子送往附近医院抢救，同时通知孩子的家长。遗憾的是，孩子被送到医院时，因食物堵塞气管时间过长已停止了呼吸。

链　接

气管异物是儿童常见的急重症之一。该病起病急、病情重，甚至可危及生命。在我国，气管、支气管异物占0～14岁儿童意外伤

① 朱宣瑾：《幼儿园内吃早饭　5岁男童被噎死》，《西部商报》2011年6月15日。

害的7.9%～18.1%，约80%的患儿年龄在1～3岁。从异物的来源看，绝大多数为外源性异物，占99%，内源性异物仅占1%。从异物的性质看，植物性异物最常见，约占92%，以可食性异物为主，其中花生米、瓜子等坚果类和豆子等豆类约占80%；动物性异物约占3%，以骨头最常见，其次为肉类；其他异物约占5%，如弹簧、金属丝、塑料笔帽、纸片和口哨等异物亦可出现。气管异物的病因与儿童身心发育、家庭看护、医源性等多种因素有关，如3岁以下儿童磨牙未萌出，咀嚼功能不完善，吞咽协调功能和喉的保护功能不健全，喜欢口含玩物等。异物进入期，症状剧烈，突然发生剧烈呛咳、憋气、作呕、呼吸困难甚至窒息；特征性症状有撞击声、拍击感及哮鸣音。常有持续性或阵发性咳嗽。气管异物的院前急救，对挽救患儿生命、缓解窒息、为异物取出赢得时间，具有重要意义。

1. 上腹部拍挤法（海姆立克式法）：救护者站在患儿背后，搂住患儿腰部，用右手拇指的根背部顶在患儿上腹部，左手叠于右手之上，间断向患儿的胸腹部上、后方用力挤压，借助膈肌压缩肺脏，产生气冲将气管内异物排出。

2. 拍背法：适用于1岁以下的婴儿。使患儿身体俯卧在救助者的前臂上，头部向下，注意头部低于躯干。救护者用手支撑患儿的下颌及胸部，另一只手的掌根在患儿背部的两肩胛骨之间快速拍击5次。若异物未被排出，可采取胸部冲击法。

3. 胸部冲击法：使患儿身体仰卧在救护者的前臂上，头部向下，注意头部低于躯干。救护者用手支撑患儿的头部及颈部，用另一只手两指在患儿的胸部正中两乳头连线下方连续按压5次后，检查患儿口腔，若有可见异物，用手取出。

平时要教育儿童不要养成口内含物的习惯。当儿童口含食物时，不要引逗儿童哭笑；当儿童发生呕吐时，应使儿童的头偏向一侧，避免其误吸呕吐物；当儿童咽部有异物时，应设法诱导其吐出，不可用手指挖取；小于3岁的儿童应尽量少食坚果、豆类。①

---

① 部分内容参考自陈彦球、成琦、窦训武等：《中国儿童气管支气管异物诊断与治疗专家共识》，《中华耳鼻咽喉头颈外科杂志》2018年第5期，有改动。

（二）幼儿的午点一般安排在幼儿起床后半小时左右。幼儿吃午点时也应提醒幼儿注意良好的进餐习惯。教师可以利用吃午点的机会开展适当的活动，如吃水果时可以引导幼儿了解水果的形状、味道等。

（三）幼儿餐点要定时、定量，两餐间隔 3.5～4 小时。幼儿的胃容量小，一般食物在胃里消化后 4 小时左右才排出，同时幼儿的食道比成人短而狭窄、黏膜娇嫩，肠胃蠕动能力较差，加上胃的消耗量比成人低，消化能力较弱，因而必须给幼儿较容易消化的食物，不宜提供油炸、辛辣刺激、添加人工色素或香精的食物。

链　接

尽量不给幼儿提供二次加工的食物，例如饼干、山楂卷、糖类、火腿等。

热点问题讨论：

1. 家长为什么对幼儿园的吃饭问题格外关注？

最根本的原因是幼儿园和家庭是两种截然不同的环境，而幼儿吃饭问题可能在家中就是个很大的问题，因此家长会对幼儿的吃饭问题格外关注。解决的根本措施就是加强家园合作，从根本上提高幼儿园的保教质量，让家长满意、放心。

2. 家长嫌自己孩子吃得少，怎么办？

经常有家长向保教人员反映自己的孩子吃不饱，希望保教人员在这方面多加关注。幼儿的饮食是家长最为关心的事。离园的时候，一些家长对幼儿说的第一句话总是：“今天吃什么？”有的幼儿说自己“在幼儿园没吃饱”，那么家长在第二天一定会提醒保教人员：“麻烦老师给我家孩子多加些饭。”其实，幼儿刚入园时有一个适应的过程，在这个过程中受情绪的影响，幼儿进餐量会相对减少。这时候，家长要加强家园联系，从幼儿的实际出发，从根本上解决问题，防止盲目要求保教人员加餐。保教人员切记不能为了让幼儿多食，在不与幼儿商量的情况下给幼儿加饭，也不能迎合家长希望幼儿多吃的需求，要一切从幼儿实际出发。

3. 用比赛的方式指导幼儿进餐合理吗？

幼儿园里，有的保教人员为了让幼儿多吃饭，总会在进餐时举办所谓的吃饭比赛，比如比一比谁吃得最多，比一比谁先吃完，比一比谁吃得最干净，等等。保教人员如果屡屡利用奖励来控制幼儿的行为，会使幼儿错误地以为吃饭只是为了获得奖励、表扬，久而久之，就会使幼儿养成不好的习惯。那么，吃饭能比赛吗？比赛有效果吗？大家会发现偶尔一次用比赛的方法还有效，多次以后幼儿的饭菜该剩下还是剩下，不添饭的幼儿还是不添饭，吃不干净的幼儿还是吃不干净。同时，由于比赛吃饭时，幼儿精神过于紧张，会出现饥饱不均的情况，不利于幼儿的生长。因此，采取比赛的方式指导幼儿吃饭是不可取的。

链 接

连江县凤城中心幼儿园一周食谱（示例）

类别	星期一	星期二	星期三	星期四	星期五
早点	牛奶 芝麻培根卷 虎皮蛋糕	牛奶 牛奶棒 大理石蛋糕	牛奶 爆浆蛋糕 金字塔蛋糕	牛奶 蜂蜜蛋糕 巧克力蛋糕	牛奶 巧克力蛋糕 香蕉宝宝 小馒头
午餐	软米饭 肉丸子 鱼香肉丝 炒白菜	软米饭 胡萝卜酱烧排骨 三鲜炒玉米 苋菜炒虾米	海鲜鸡蛋面 玉米排骨汤	软米饭 红烧肉 虾仁炒蛋 上海青炒香菇	干饭 鱼香肉丝 包菜炒虾米 煎蛋青菜汤
午点	飘香肉燕	美味白粿面	八宝粥	西米露	鱼丸
水果	西瓜 苹果	香蕉 哈密瓜	苹果 桃	梨 香蕉	橘子 火龙果

连江县凤城中心幼儿园幼儿进餐管理检查表（示例）

学年　　学期幼儿进餐管理检查表

周次：第　　周　　　　　　　　　　　　　　　　日期：

<table>
<tr><td rowspan="2">班　级</td><td colspan="2">餐前桌面消毒</td><td colspan="2">进餐习惯培养</td><td colspan="2">餐后整体卫生</td><td rowspan="2">进餐综合效果评定</td></tr>
<tr><td>优良</td><td>合格</td><td>优良</td><td>合格</td><td>优良</td><td>合格</td></tr>
<tr><td></td><td></td><td></td><td></td><td></td><td></td><td></td><td></td></tr>
<tr><td></td><td></td><td></td><td></td><td></td><td></td><td></td><td></td></tr>
<tr><td></td><td></td><td></td><td></td><td></td><td></td><td></td><td></td></tr>
<tr><td></td><td></td><td></td><td></td><td></td><td></td><td></td><td></td></tr>
<tr><td></td><td></td><td></td><td></td><td></td><td></td><td></td><td></td></tr>
<tr><td>进餐情况说明：</td><td colspan="7"></td></tr>
<tr><td colspan="8">备注：</td></tr>
</table>

检查人员签名：

本章练习题

1. 如何做好不同年龄段幼儿餐点环节的指导工作？
2. 幼儿园的餐点是怎样安排的？
3. 如何在餐点环节中融入健康饮食教育？

第六章 盥洗环节

案例

贪玩是每个幼儿的天性。生活中大人们不太关心的一些事物却常常成为幼儿贪恋、玩耍的对象。比如水，幼儿玩耍起来简直是爱不释手。有一阵子，我发现班上不少幼儿总喜欢往盥洗室跑，就连平时总嚷嚷着“老师，我没有小便”“老师，水太冰”的幼儿，也突然间对盥洗室产生了莫大的兴趣，而且总喜欢三三两两地一块儿走进去。

幼儿的异常举动引起了我的注意。我悄悄地跟了进去，发现他们正一个个你帮我、我帮你地卷袖子，眼前的一番情形让我感到一阵欣慰——一段时间下来，幼儿确实长大了不少，能主动地互相帮助，再也不是那个等待着老师卷袖子的小毛头了。我开心地走出了盥洗室，可没等我走出几步，就听见里面传来了哗啦啦的水声，声音很响，以为是水管爆裂的我立刻扭头冲进了盥洗室。然而当我跑进去时，看到的是六个水龙头齐刷刷地被开到了最大。看着幼儿满身满脸的水花，以及溅到了墙上、地面上的水，一股无名之火蹿上脑门，“住手——”我的话音未落，俊俊兴奋地拉着我的衣角说：“老师，你看！好大的瀑布啊！这是我们做的。”平常在这种时候，总会有人跑到我面前告状：“老师，是×××干的。”此时俊俊的话出乎我的意料，让我觉得又好气又好笑。我努力压抑住心中的“怒火”，决定对他们进行一番行为规范教育。①

---

① 佚名：《盥洗室里的故事》，2012 年 2 月 15 日，见 https://www.doc88.com/p-073800163893.html，有改动。

教师在实际组织活动的过程中，发现幼儿喜欢在盥洗室与同伴交谈、游戏。一些幼儿对盥洗非常敷衍：有的幼儿手上的肥皂泡还未冲洗干净就擦手，把水抖了一地板；有的幼儿喜欢洗手时将水龙头开到最大并冲个没完没了；有的幼儿在盥洗室你推我挤、嬉戏打闹……真正主动、认真、自觉洗手的幼儿不多。

盥洗环节作为穿插在幼儿园一日生活中的重要环节，保教人员应该引导幼儿正确盥洗并养成良好的卫生习惯。因此，保教人员应注重幼儿盥洗活动的组织，通过正确的方式引导幼儿主动盥洗、有序盥洗。

第一节　盥洗环节的要求与指导要点

习惯养得好，终身受其福。要让幼儿从小养成良好的盥洗习惯，保教人员必须首先明确幼儿园盥洗活动的内容有哪些、各个环节中幼儿应达到的目标是什么，这样才能在盥洗活动中给予有效的帮助和指导。

幼儿在园的盥洗内容主要包括洗手、漱口、如厕、喝水四个环节。幼儿一日生活中，各盥洗环节所占的时间各不相同。洗手是最频繁的一项盥洗活动，如幼儿饭前、饭后、便前、便后、活动前、活动后等都需要将手清洗干净。漱口在幼儿餐点后进行。如厕、喝水，则根据幼儿的需要，不做硬性规定。每一项盥洗活动，对幼儿的常规要求也不尽相同。

一、洗手活动

（一）要求

表 6-1　洗手活动的要求

对幼儿的要求		保教人员工作要点	
小班	中、大班	小班	中、大班
1. 在保教人员提醒下知道饭前、	1. 洗手前会挽袖子，洗手时不玩水、不	1. 帮助、指导幼儿挽袖子，防	1. 提醒幼儿在洗手时保持安静、有

金教鞭

续表

对幼儿的要求		保教人员工作要点	
小班	中、大班	小班	中、大班
便后及手脏时洗手。 2. 在保教人员帮助下，知道洗手前要挽袖子。 3. 能在保教人员的提醒和帮助下洗净双手。	玩香皂或洗手液，节约用水。 2. 饭前、便后及手脏时能主动洗手。中班幼儿洗手方法基本正确，大班幼儿洗手方法正确。 3. 能有秩序地洗手。	止衣袖被打湿。 2. 帮助幼儿打开水龙头并调至合适的水流。 3. 关注幼儿洗手过程，可和幼儿一起洗手。	序，发现幼儿有打闹、玩水等情况时，及时提醒和纠正。 2. 提醒幼儿用正确方法洗手，对搓洗不仔细的幼儿及时给予指导。

（二）指导要点

1. 引导幼儿用正确的洗手方法洗干净双手。

2. 根据盥洗室的空间大小，将幼儿合理分组，保持盥洗活动安静、有序。

3. 帮助或指导幼儿将袖子挽至胳膊处，防止水溅湿衣袖。

4. 指导幼儿节约用水，控制水流大小，洗完手后要在水池内轻轻甩几下，用毛巾擦干手上的水迹。

5. 密切关注每个幼儿的洗手过程，对搓洗不仔细、冲洗不干净等行为，耐心地给予动作示范和语言提示。

6. 指导幼儿洗完手后用正确的方法擦干双手，将衣袖放下，整理平整。

7. 秋冬季节有条件的幼儿园还要帮助幼儿涂抹护手霜。

8. 幼儿盥洗结束后，及时用干拖把擦干地面上的水，等最后一个幼儿洗完手后再离开盥洗室。

9. 采用竖大拇指、拥抱幼儿、语言鼓励等方法，及时鼓励幼儿在洗手过程中的良好表现，促进幼儿良好洗手习惯的养成。

10. 教育幼儿懂得洗手对身体的好处，饭前、便后、手脏时主动洗手。

（三）常见问题及解决策略

小班幼儿洗手活动常见的问题有：不会挽袖子，不会控制水流的大小，洗手方法不正确，洗手时不用香皂或洗手液。针对小班幼儿洗手活动常见的问题，保教人员要适当进行示范、帮助、提醒，将洗手方法分解。可与幼儿一起洗手，边说边做，让幼儿轻松地学习正确的洗手方法。还可准备形状、颜色不同的香皂或瓶子外观可爱的洗手液，激发幼儿洗手的兴趣。香皂的放置或洗手液的分装要妥当，避免二次污染；装香皂或洗手液的器具要定期消毒。

中、大班幼儿洗手活动常见的问题有：不认真洗手，洗手时打闹、玩耍。这些问题的解决策略主要有：引导幼儿自己制订洗手的规则，学习自我管理，互相提醒。此外，还可以利用榜样示范的方法，组织中、大班的幼儿教小班幼儿洗手，激励中、大班幼儿坚持正确洗手。

二、漱口活动

（一）要求

表 6-2　漱口活动的要求

对幼儿的要求		保教人员工作要点	
小班	中、大班	小班	中、大班
1. 餐后在保教人员提醒下漱口。 2. 初步掌握用鼓漱的方法漱口。	1. 餐后能主动漱口。 2. 漱口方法正确。	1. 提醒幼儿餐后用自己的口杯接水漱口。 2. 提醒幼儿将漱口水含在嘴里鼓漱 3～5 次，再吐进水池。 3. 提醒幼儿漱口后用餐巾擦干净嘴，将口杯放回固定位置。	1. 关注幼儿的漱口方法是否正确。 2. 及时提醒和纠正玩水、打闹的幼儿。

（二）指导要点

1. 组织幼儿餐后拿着自己的饭碗或者取出自己的口杯，接半碗或者半杯水，安静、有序地漱口。

2. 引导幼儿用鼓漱法进行漱口，提醒幼儿将漱口水含在嘴里鼓漱 3～5 次，再轻轻吐进水池中，不把水咽进肚中。

3. 关注幼儿漱口的细节，发现漱口不正确的幼儿，及时、耐心地给予语言和动作提示。

4. 提醒幼儿饭后要坚持用自己的口杯漱口，不要玩水、拥挤、打闹，漱口完毕后将口杯放回固定位置。

（三）常见问题及解决策略

小班幼儿漱口活动常见的问题有：有的幼儿将漱口水咽入肚中，有的幼儿不愿意漱口，有的幼儿漱口方法不正确。针对小班幼儿漱口活动常见问题，保教人员可以为幼儿准备温开水；通过各种活动帮助幼儿了解漱口的重要性；发挥环境的教育作用，如张贴漱口的图示。

中、大班幼儿漱口活动常见的问题有：不认真漱口，漱口时喜欢打闹、玩耍。保教人员应引导幼儿自己制订漱口的规则，学习自我管理及互相提醒。保教人员也可以利用榜样示范的方法，引导幼儿坚持正确漱口。

三、如厕活动

（一）要求

表 6-3　如厕活动的要求

对幼儿的要求		保教人员工作要点	
小班	中、大班	小班	中、大班
1. 有便意时，能主动告诉保教人员。 2. 能安静、有序如厕，不在厕所逗留。 3. 便后知道请求保教人员的帮助，整理好衣裤。 4. 在保教人员的提醒下，知道便后洗手。 5. 初步学习擦屁股的正确方法。	1. 在保教人员的指导、提醒下分性别如厕。 2. 会使用手纸，便后主动冲水、洗手。 3. 便后主动整理好衣裤。	1. 允许幼儿按需要随时大小便，饭前、外出前、入睡前提醒幼儿如厕。 2. 掌握幼儿排便规律，及时帮助尿床、尿裤子的幼儿。 3. 帮助穿脱衣服有困难的幼儿如厕。 4. 引导幼儿学习擦屁股的正确方法。	1. 组织幼儿分性别如厕。 2. 对幼儿如厕过程中出现的问题给予正确引导。 3. 指导幼儿便后独立擦屁股、整理衣服。

（二）指导要点

1. 用平和的态度对待幼儿的如厕行为，营造宽松、安全、和谐的如厕氛围，消除幼儿在幼儿园如厕的恐惧感。

2. 做好如厕物质准备，保持厕所地面干燥、空气清新、便池洁净及无异味，提供数量充足、大小适宜的手纸。

3. 根据幼儿实际需要及厕所设施条件，在厕所地面、墙面、栏杆扶手、便池等位置张贴图片或标记，如提裤子的方法与步骤图、擦屁股的流程图、蹲式便池上的脚印标记等，引导幼儿有序如厕。

4. 带领幼儿认识男女厕所环境、器具，了解器具的使用方法。

5. 组织幼儿分别进入男女厕所，有序如厕，帮助或指导幼儿便后洗干净手。条件受限的幼儿园可以安排男女幼儿错时如厕，适时对幼儿进行性别认知和性别认同的引导。

6. 全程关注幼儿如厕过程，帮助或指导幼儿掌握脱裤子、提裤子、便后擦屁股的正确方法，学会使用坐式、蹲式便池。

7. 小班幼儿便后擦屁股要先以保教人员帮助为主，逐步过渡到边帮边教，直至幼儿能够自理，指导幼儿学习擦屁股宜从穿衣服少的春夏季节开始。

8. 掌握全班幼儿大小便规律，培养幼儿按时、及时排便的习惯；对憋便、尿床、尿频的幼儿耐心引导，及时帮助；对大小便拉在裤子上的幼儿，应安抚其情绪，消除其紧张和不安，同时用轻柔的动作帮助幼儿擦洗身体，更换衣服，快速清理有便迹的衣物；秋冬季节，仔细观察并及时帮助因衣着增加而穿脱有困难的幼儿，避免幼儿将大小便拉在衣物上。

9. 随时将便池内的尿液冲刷干净，观察便池台阶上是否有尿液、地面是否有水迹，及时清理厕所，保持厕所清洁与安全，避免幼儿滑倒或摔伤。

10. 提醒幼儿不在厕所逗留、玩耍，帮助或指导幼儿便后使用肥皂或洗手液把手洗干净。

11. 带领幼儿熟悉园内公共厕所的位置，使幼儿明白有便意时就近如厕，培养幼儿不随地大小便的习惯。

12. 每天下班前对厕所进行彻底清洁、消毒。

13. 了解幼儿在家大小便习惯，请家长给幼儿准备 1～2 套舒适的衣裤带到幼儿园，以备幼儿需要时及时更换。

14. 及时与家长交流幼儿在园的如厕情况，指导家长重视家庭中的如厕教育。

（三）常见问题及解决策略

小班幼儿如厕活动常见的问题有：不敢小便、不会小便、尿裤子，便后不会自己提裤子、擦屁股。保教人员可以带领刚入园的幼儿参观、熟悉厕所环境，介绍男孩、女孩的如厕方式。另外，保证每次幼儿如厕时有一名保教人员在旁看护，随时帮助有困难的幼儿，耐心引导，边帮边教。

中、大班幼儿如厕活动常见的问题有：如厕时玩耍、打闹，便后整理衣服不到位。保教人员应注意环境创设，可安装穿衣镜或张贴正确提裤子的步骤示意图，支持幼儿按图示提好裤子并对着镜子检查；组织幼儿制订“文明如厕公约”等，及时评价幼儿在如厕中的表现，并正确引导。

四、喝水活动

（一）要求

表 6-4　喝水活动的要求

对幼儿的要求		保教人员工作要点	
小班	中、大班	小班	中、大班
1. 正确使用口杯。 2. 愿意喝白开水。 3. 在保教人员提醒下接适量开水。 4. 能安静地喝水。	1. 能主动喝水。 2. 不边走边喝水。	1. 为幼儿准备温度适宜的白开水。 2. 指导幼儿有序、独立接水，提醒幼儿接水时眼睛看着口杯；提醒幼儿不要边走边喝。 3. 提醒幼儿安静喝水，注意把握幼儿喝水量，运动后出汗过多、天气炎热等情况下可适当增加喝水量。	1. 为幼儿准备温度适宜的白开水。 2. 提醒幼儿接适量的开水。 3. 关注幼儿喝水情况，对聊天、打闹现象及时提醒、纠正。

（二）指导要点

保教人员要根据不同年龄段幼儿的发展水平和具体的个体差异，或细致周到地帮助幼儿，或充分发挥幼儿自主性、主动性，指导幼儿实现喝水环节中的自主管理，逐步提升幼儿主动喝水的意识与能力。

小班喝水活动的指导要点：

1. 为幼儿准备半杯（约 100 毫升）温度适宜（30 摄氏度左右）的白开水。在幼儿入园前为每个幼儿的口杯制作不同的标记，比如小花、太阳、草莓、樱桃等；在摆放幼儿口杯时，注意要露出标记，且口杯把手朝外，方便幼儿拿取。

2. 在幼儿喝水前观察盥洗室的地面是否干燥，为幼儿喝水提供安全的环境；发现幼儿手脏时应引导幼儿洗干净手。

3. 以游戏的口吻激发幼儿喝水的意愿；组织幼儿轮流喝水，每 4～5 个幼儿一组。

4. 提醒幼儿端取自己的口杯有序、独立地接水，提醒幼儿接水时眼睛看着口杯，接半杯或三分之二杯水。

5. 指导幼儿握好杯把，端稳口杯，轻轻走到喝水区，一口一口慢慢喝，提醒幼儿不把水洒到衣服或地面上。

6. 随时提醒幼儿安静喝水，并及时肯定幼儿的良好喝水行为，对说笑、打闹的幼儿给予指导和纠正；关注幼儿嘴巴或衣服的前胸部位是否有水迹，如有水迹应及时帮幼儿用毛巾擦干或更换衣服。

7. 鼓励幼儿喝完杯中的水，注重发挥保教人员自身或幼儿同伴的榜样作用，带动喝水困难的幼儿喝上足量的水；提醒幼儿喝完水将口杯放到固定位置。

8. 准确把握幼儿的喝水量。通常情况下，每个幼儿每天在园大约喝水 600 毫升。特殊情况时，比如身体不适、运动后出汗过多、天气炎热等，要给予特别照料，适当增加喝水量。

9. 注意把握喝水时机。在上午 10 点左右、户外活动后、午睡起床后、下午 15 至 16 点，及时组织幼儿喝水。

10. 幼儿不小心洒水时，及时擦拭地面，避免幼儿滑倒、摔伤。

11. 在盥洗室用不同标记或图案划分出等待区、接水区、喝水区，培养幼儿有序喝水的常规。

12. 主动向家长反馈幼儿在园的喝水情况及喝水量，提出指导建议。同时，倡议家长在幼儿清晨起床后、晚上睡觉前半小时提醒幼儿适量喝水。

中、大班喝水活动的指导要点：

1. 为幼儿准备温度适宜的白开水。

2. 提前擦拭、整理盥洗室，保持室内干燥和整洁。

3. 组织幼儿喝水前洗干净手。

4. 提醒幼儿用正确的方法端取口杯，接适量的水。

5. 关注幼儿喝水情况，及时提醒和引导聊天、打闹、拿着口杯乱跑的幼儿，及时表扬幼儿有序等待以及在固定的区域安静喝水等行为。

6. 帮助幼儿了解喝水与身体健康之间的关系，学习根据身体需要及时调整自己的喝水量。比如，感冒发烧、小便发黄、天气炎热、吃了较干硬食物后，要增加喝水量；饭前半小时之内不要喝水；运动后休息一会儿再喝水；等等。

（三）常见问题及解决策略

小班幼儿喝水环节常见的问题是：有的幼儿不会使用口杯，水接得过多过满；有的幼儿不愿意喝白开水；有的幼儿喝水时喜欢边喝边玩。保教人员要通过示范、练习等方法引导幼儿学习正确使用口杯，对于个别不会用口杯和容易洒水的幼儿多加关注，进行个别指导；通过示范、图示引导等方法让幼儿明确接水量；开展适宜的教育活动，引导幼儿了解喝白开水的好处，激发幼儿喝白开水的兴趣。另外，保教人员要注意观察幼儿喝水的表现，并及时给予指导。

中、大班幼儿喝水环节常见的问题是：有的幼儿主动喝水的意识不够；有的幼儿不能根据身体的需要喝水，喝水过少或过量；有的幼儿喝水时喜欢边喝边玩、边喝边聊天。为了解决中、大班幼儿喝水环节的问题，保教人员可以采取以下策略：第一，设计“喝水记录表”，激发幼儿主动喝水的兴趣。第二，开展谈话等活动，让幼儿了解喝水的注意事项，避免呛水。第三，根据喝水记录，及时提醒幼儿喝水，保证每个幼儿都能适量喝水。第四，根据幼儿需要，组织集中喝水，如在集体活动、户外活动、起床后等时间组织幼儿集中喝水，也要鼓励、提醒幼儿（尤其是生病的幼儿）随时喝水，还需根据季节等情况，提醒幼儿调整喝水量。

第二节　盥洗环节的工作安排

一、盥洗前

1. 创设温馨、有趣、有序的盥洗环境，使幼儿发现盥洗的快乐并主动盥洗。

2. 刚入园的幼儿漱口时易咽下水，可用温开水或淡盐水引导小班幼儿漱口。

3. 和幼儿一起讨论正确的盥洗方法，如怎样能洗干净手。

4. 在水龙头上画出标记，提醒幼儿不浪费水。

5. 把总闸门关小，避免浪费水。

6. 建议家长不要给幼儿穿袖口过紧的衣服，以方便幼儿洗手时顺利挽袖子。

二、盥洗中

1. 正视幼儿盥洗过程中的玩耍、游戏，不简单制止、批评，应加以引导，使幼儿保持积极的情绪。

2. 应尊重幼儿间的个体差异，通过适宜的帮助，降低幼儿盥洗难度；充分理解不愿盥洗的幼儿，并给予具体的帮助。

3. 鼓励幼儿在盥洗遇到困难或问题时，主动向保教人员请求帮忙。

4. 对盥洗溅湿衣服的幼儿，要通过主动交流沟通，引导幼儿用语言表达出自己的具体需要。

5. 利用儿歌、游戏等形式，指导幼儿取下毛巾，把手擦干。

三、盥洗后

1. 应及时肯定幼儿的盥洗行为，亲自闻闻他们手上的香味。

2. 引导幼儿主动讨论盥洗室里发生的变化，如厕所隔板上安放的小纸袋、取用方便的手纸桶等，并对创造变化的保教人员表达谢意。

3. 利用墙饰提示幼儿正确的盥洗行为。

4. 提倡家园配合，要求幼儿在家与幼儿园一样，养成良好的盥洗习惯。

第三节　盥洗环节的指导策略

一、营造良好的盥洗环境，引导幼儿正确盥洗

保教人员应充分发挥盥洗环境的教育作用，利用环境影响幼儿，从而更好地引导幼儿正确盥洗。

保教人员应布置一个适合幼儿年龄特点的盥洗室环境，并结合图文并茂的宣传图片，督促幼儿养成正确的盥洗习惯。例如投放形状、颜色不一的盥洗用品，提高盥洗室对幼儿的吸引力，让盥洗变成一件充满新鲜感的事；在洗手台墙面贴上正确洗手的步骤图，图片上要有序地列出洗手的步骤，引导幼儿根据步骤图学习、巩固正确洗手的方法；在地面按从大到小的顺序贴上圆点，提醒幼儿自觉养成人多排队的好习惯，消除安全隐患。

二、运用有趣的教育方法，激发幼儿的盥洗兴趣

幼儿喜欢在盥洗室做别的事情，例如洗毛巾、聊天等等。面对这一现象，一些保教人员的策略是不断强调盥洗的纪律和规则，并在盥洗之后对幼儿进行评价，但是收效甚微。针对这样的情况，保教人员应当从幼儿的年龄特点出发，运用生动、有趣的教育方法，例如念儿歌、讲故事等，提高幼儿对盥洗的兴趣。

链　接

儿歌一：排排队，挽挽袖，轻轻拧开水龙头；先湿手，打肥皂，

手心相对揉一揉；手指交叉搓手背，十指交错搓一搓，洗得细菌无处躲。

儿歌二：饭前、便后要洗手，我和肥皂握握手，泡沫白花花！我和清水握握手，清水哗啦啦！我和毛巾握握手，水珠不见啦！两只小手握一握，变成一朵“馒头花”。

儿歌三：长袖变短袖，打开水龙头，小手冲一冲，抹上香香皂，搓出小泡泡，清水洗，甩三下，再用毛巾擦擦干，短袖变长袖。

三、开展多样的教育活动，提高幼儿盥洗的主动性

盥洗环节中，常常会出现保教人员空泛说教、幼儿被动接受的现象。针对这种情况，一些幼儿园保教人员基于幼儿真正的需求、兴趣点和可发展的空间，组织健康教育活动，通过形象的教学让幼儿直观认识细菌，知道如果不注意卫生，细菌就会不断繁殖，最终导致我们生病，丰富幼儿的健康科学知识，从而教育幼儿要勤洗手、勤刷牙、勤漱口等，做一个爱干净、讲卫生的好宝贝。

保教人员可以开展保护环境的社会教育活动，让幼儿观看环境遭到破坏的录像以及图片，增强幼儿保护环境的意识，从而让幼儿在盥洗环节中懂得节约用水。保教人员可以利用平时与幼儿的谈话，请幼儿判断一些盥洗行为是否正确；用手机录下幼儿盥洗时不同的行为表现，通过回放，让幼儿找一找哪些是对的、哪些是错的，鼓励并支持幼儿参与解决在盥洗中存在的问题。保教人员可以通过各种教育活动，引导幼儿了解盥洗的重要性和注意事项，帮助幼儿提高盥洗的主动性。

保教人员可以将盥洗融入班级开展的表演游戏中，引导幼儿在表演游戏的过程中逐渐了解盥洗的必要性，提高幼儿盥洗的主动性。

四、发挥榜样的引领作用，提高幼儿盥洗的积极性

在实际的盥洗环节中，保教人员可以通过榜样教育提高幼儿盥洗的积极性。同伴是幼儿观摩学习的榜样，保教人员应及时表扬部分幼儿在盥洗时的良好表现，将盥洗活动进行得较好的幼儿选为代表，引导其示范正确的行为。

保教人员可以开展一些诸如“大手帮小手”“结对子”“一帮一”之类的活动，让幼儿相互观摩，取长补短。这样的活动，有助于幼儿学会关爱、收获成就感，从而提高幼儿对盥洗的积极性。

保教人员也是幼儿模仿的对象。保教人员的日常行为对幼儿的发展会产生潜移默化的影响。因此，保教人员要做有心人，平时为幼儿做好行为示范，用自己良好的盥洗习惯去影响幼儿。

五、开展家园合作，形成教育合力

家庭是幼儿学习的重要场所。幼儿的大部分生活习惯都是在家庭中养成的。保教人员要和幼儿的监护人及时沟通，了解幼儿在家中的盥洗习惯，吸取其在家庭教育中的经验；同时，保教人员要让家长了解幼儿园对幼儿盥洗习惯的培养方法和要求，取得家长的支持，让幼儿园和家庭的教育保持一致，形成合力，达到更好的教育效果。保教人员可以建议家长在家中为幼儿创设良好、便利的盥洗环境，准备专用的洗手液或肥皂、毛巾、润肤油等用品，并放在幼儿可以自由取放的地方。

链　接

一、卫生间、盥洗间

每班应有独立的卫生间、盥洗室，卫生间位置合理、安全，方便幼儿使用。

1. 贯通的卫生间、盥洗室应当分间或分隔，并有通风口，地面应当选择防滑、易清洁的材料。

2. 便器应有1.2米高的架空隔板，并加设幼儿扶手。每个蹲位的平面尺寸为0.80米×0.70米，沟槽式槽宽0.16～0.18米。保教人员的卫生间应当单独设置。

3. 应有流动水洗手装置，每班盥洗室内水龙头不少于5个，水龙头的间距为0.35～0.40米。盥洗池上沿离地面的高度为0.50～0.55米，宽度为0.40～0.45米。

4. 每班应当有专用的口杯架、饮水设施及毛巾架，标识清楚，间距合理。保证幼儿每人一巾一杯，并有相应的消毒设施。

5. 盥洗室内应当设有卫生清扫用具、清洗池，卫生间内应设有污水池。

二、毛巾、毛巾架

集体生活中，毛巾消毒工作不到位是传染性疾病传播的原因之一。擦手毛巾应每天清洗、消毒一次，先用肥皂水浸泡、搓洗，然后用开水烫洗干净再消毒。如果是蒸煮消毒，一定要让水浸没毛巾，在开水中蒸煮 20～30 分钟；有消毒柜的幼儿园可将毛巾放在消毒柜里消毒，但要防止毛巾被烤焦；也可用含氯消毒液浸泡 5～10 分钟。毛巾架应每天用清水擦去浮灰，每周用消毒液擦洗一遍。

三、口杯、口杯箱

幼儿的口杯要专人专用，口杯箱里必须放好已消毒的口杯。口杯一般用两种方法消毒，一种是用消毒柜消毒，另一种是蒸煮消毒。口杯、餐具等不能用 84 消毒液消毒。口杯如用消毒柜消毒，需高温消毒 15 分钟，消毒冷却后将口杯及时放入口杯箱里，并将消毒柜擦拭干净。口杯如用蒸煮消毒，水一定要浸没口杯，等水开后蒸煮 15～20 分钟。

本章练习题

为优化一日盥洗环节的组织与指导，请结合幼儿实际，阐述盥洗的具体做法，以形成更多行之有效的生活活动常规培养方法。

第七章　午睡环节

第一节　午睡环节的内容与组织①

一般情况下，午睡环节应该包括午睡前、午睡中和午睡后三个部分。下面对幼儿园的午睡环节进行具体分析。

午睡环节的具体安排会因季节的不同有所差异，一般分为夏季和冬季两种。两个季节的安排中，大、中班以及小班的睡眠活动时长是一样的，一般规定夏季为两个半小时左右、冬季为两个小时左右。夏季和冬季具体的睡眠活动时间表参见“表7-1”“表7-2”。

表7-1　连江县凤城中心幼儿园夏季幼儿午睡环节时间表

时间起止	活动名称
11：05—11：35	午餐
11：35—11：50	散步
11：50—12：00	睡前准备
12：00—14：30	睡眠
14：30—14：50	起床活动
14：50—15：10	点心

① 本节部分内容参考了肖燕：《教师组织幼儿午睡活动的研究——以武汉市A园为例》，硕士学位论文，华中师范大学，2014年，第7～23页。

表 7-2　连江县凤城中心幼儿园冬季幼儿午睡环节时间表

时间起止	活动名称
11：05—11：35	午餐
11：35—11：50	散步
11：50—12：00	睡前准备
12：00—14：00	睡眠
14：00—14：20	起床活动
14：20—14：50	点心

一、午睡前环节的组织

影响幼儿午睡质量的因素很多，包括不同年龄的幼儿对睡眠时间的需求差异、幼儿作息时间的改变、幼儿睡前活动量的大小以及环境等。虽然幼儿园的一日作息时间表对睡前准备活动及时间都做了明确的规定，但保教人员在实际执行的过程中由于对午睡的理解不同，从而导致了不同的结果。当然，幼儿的性格、情绪以及行为表现，对保教人员睡前的工作安排也有着非常大的影响。

（一）睡前散步活动

一般来说，幼儿园的一日作息时间表对幼儿睡前活动进行了明确的规定。为杜绝饭后立即上床睡觉，幼儿园会安排幼儿在睡前至少进行 15 分钟的散步活动。幼儿睡前如果处于饱腹状态，不仅会影响幼儿胃部的消化功能，还会影响食物中营养元素的吸收，甚至会因胃部的负担过重造成脑部的供血和供氧不足，最终使幼儿出现呕吐、休克等严重的后果。睡前活动的规定是具有科学依据的，能够对幼儿的身体健康起到一定的促进作用。但是，组织幼儿进行睡前散步活动具有一定的灵活性。一些保教人员会因为天气等情况取消睡前散步活动，而选择让幼儿在活动室内进行阅读、折纸、画画等相对安静的活动，或将散步活动安排在室内，如在楼梯走道、大厅等相对封闭且不会受到天气影响的环境中进行。

幼儿园一般只对睡前活动时间做规定，对实际的活动内容不做具体规定，这就保障了保教人员对活动内容选择的自主权。保教人员能根据幼儿的差异进行有针对性的安排。保教人员可以利用睡前散步活动对幼儿进行认知教育，如让幼儿观察园内的环境并提出自己的布置想法或谈论季节的变化等。保教人员还可以利用睡前散步活动对幼儿进行情感、品质教育，如玩集体游戏“开火车”“我们都是木头人”等。这样的活动，有助于幼儿体验同伴交往的乐趣，同时学会坚持和等待。总而言之，保教人员应遵从幼儿园“一日生活皆教育”的原则来安排睡前活动。

（二）睡前安静活动

保教人员一般不安排幼儿在睡前进行剧烈运动，而是本着以静为主或动静交替的原则来安排活动，且安排的活动要有一定的科学性、多样性。保教人员应根据季节、幼儿年龄、场地等来安排合适的活动，促进幼儿各方面的发展。

1. 组织幼儿听故事或欣赏音乐

在进餐之后，保教人员可以组织幼儿坐在一起，播放一些录音故事给幼儿听；也可以让有能力的幼儿讲故事。这种方式不仅能帮助幼儿开阔眼界，还能使幼儿养成爱好文学及认真听讲的良好习惯。保教人员也可以准备能让幼儿安静下来的歌曲，激发幼儿对音乐的兴趣。

2. 组织幼儿游戏或学习儿歌

睡前可以组织幼儿进行适当的游戏活动，比如拍手、结对子、打电话等。这样的游戏不仅能提高幼儿的口语表达能力，还能提高幼儿的人际交往能力。除此之外，保教人员也可以教授幼儿一些与睡眠相关的儿歌，帮助幼儿明确在午睡过程中需要注意的事情。

3. 组织幼儿进行适宜的区域活动或自由活动

保教人员可以组织幼儿进行适宜的区域活动，如在美工区域内指导幼儿进行粘贴、画画、捏泥等活动。保教人员也可以提供多种活动让幼儿自由选择，如利用睡前时间让幼儿拿着自己的玩具独自玩或者和其他幼儿一起玩；提供玩具给没带玩具的幼儿玩，鼓励幼儿与其他幼儿分享玩具。

4. 组织幼儿进行谈话活动

保教人员可以组织幼儿交谈，谈话内容可以选择幼儿感兴趣的人、事、物，注意不要将此活动变成集中教育活动。

总之，选择何种睡前活动没有统一标准，保教人员可以根据幼儿当时的实际情况选择合适的、有针对性的且符合幼儿年龄和身心特征的睡前活动。

（三）睡前保教人员的检查、提醒工作

第一，睡前保教人员的检查工作。一些幼儿园在午睡活动中曾经出现过多起安全事故，其中一部分事故是由幼儿没有进行睡前活动而引起的，如幼儿饱腹后立即上床午睡，很容易造成食物残留导致幼儿窒息死亡；还有一部分事故是由保教人员没有在幼儿睡前对其进行检查而造成的。少数保教人员认为安全事故不会发生在午睡活动中，只会发生在幼儿的游戏等活动中，所以对睡前活动的检查工作没有给予足够的重视。幼儿的安全意识非常薄弱，很容易将自己的物品，如弹珠、皮筋及发夹带上床，将其误放入口中、鼻腔内或者是耳朵里而造成安全事故。保教人员如果在睡前活动中没有进行检查或者是没有做好检查工作，就容易发生安全事故。因此，为了避免午睡活动中出现安全事故，保教人员在睡前进行的检查工作非常重要。

第二，睡前保教人员的提醒工作。幼儿年龄小，不能够对自己的行为进行科学合理的安排，需要保教人员及时提醒。保教人员在睡前活动中的提醒，能够有效地减少幼儿睡眠活动过程中尿床及错误睡姿的出现。因此，保教人员必须重视睡前提醒工作。

二、午睡中环节的组织

保教人员应在幼儿睡眠过程中做好值班工作，以有效避免幼儿睡眠中发生安全事故，同时帮助睡眠“特困生”纠正不当行为。

链　接

连江县凤城中心幼儿园午睡值班制度

为保障幼儿充足的睡眠时间和养成良好的睡眠习惯，以促进幼儿身心健康成长，特制订本制度。

一、保教人员要一步不离地坚守寝室，关注幼儿午睡的全过程。

二、保教人员在幼儿午睡期间要高度负责，严禁幼儿在床上乱蹦乱跳，要培养幼儿安静入睡的好习惯。

三、保教人员在幼儿午睡期间须培养幼儿脱鞋、脱外衣、穿外衣、穿鞋等基本生活技能。

四、保教人员应用多种方式督促幼儿入睡，半小时内幼儿入睡率应达到90%。

五、保教人员应加强巡视工作，特别观察与照顾体弱儿、病患儿，发现异常要及时处理。

六、保教人员要陪同幼儿上厕所，并提醒其披上外套、穿好拖鞋等。注意提醒多尿的幼儿及时上厕所。

七、幼儿午睡期间，保教人员不得打瞌睡、玩手机、干私活、看小说，即使工作上的事也要在绝大多数幼儿入睡后再处理。

八、幼儿午睡期间，保教人员要注意幼儿的午睡姿势（不蒙头、不俯卧、不咬被角、不吸吮手指等），及时为幼儿盖好被子。

九、幼儿午睡期间，保教人员要每隔15分钟对幼儿进行细致观察，看有无异常，并做好记录。

十、幼儿午睡期间，保教人员要保持寝室安静，保证幼儿睡眠时间，组织幼儿按时起床，指导和帮助幼儿穿好衣服、叠好被子等。

幼儿午睡期间易导致安全事故的情况有：蒙头睡觉、憋气，危险物品进入口腔、鼻腔、耳朵等部位，衣服缠着幼儿的脖子等部位，等等。保教人员需特别注意，杜绝午睡期间安全事故的发生。

（一）谨防午睡环节发生安全事故

午睡过程中发生安全事故，会对幼儿园及幼儿教育造成不良影响。一些保教人员认为幼儿午睡过程中可以放松警惕，因此在幼儿午睡过程中低头玩手机、三五成群地聊天或随之入睡等。殊不知幼儿园安全事故有很多是在午睡过程中发生的，因此，保教人员应该认真地完成午睡活动中的值班工作。

案 例

幼儿园内二龄童莫名死亡[①]

在2009年1月4日的早上8点，济南市某幼儿园小四班的小腾纭，在早上送去幼儿园的过程中，还在车上高兴地跳跳唱唱。但是在当天下午3点左右，幼儿教师在逐个叫醒午睡幼儿时，发现小腾纭面部发紫并且叫不醒。幼儿园立即将其送进医院，40分钟后，医生宣告其死亡，死亡原因是心脏骤停，且心跳已经停止了一个小时。

保教人员在值班的过程中应该高度关注幼儿的睡眠情况，及时发现幼儿因睡姿错误造成的呼吸困难以及衣服、被褥缠住脖子等情况，将幼儿的安全牢记心中，加强防范意识，谨防幼儿睡眠过程中安全事故的发生。

（二）对睡眠“特困生”的组织与对策

幼儿园的每个班里都会有让保教人员头疼的睡眠“特困生”（不睡、入睡难或入睡晚，实际的睡眠行为与正常的集体睡眠行为不相适应的幼儿）。以下是一位保教人员的访谈记录。

我们班有一个小女孩特别没有安全感，总要老师在身边陪着她才肯睡觉，如果老师有事没有坐在她身边陪她，那她就会一直不睡，一直等到老师过来。有好几次我因为有事没顾得上理她，她就真的一点也没睡。可是我也不能只照顾她一个人啊，毕竟班里还有二十几个孩子，他们也都是刚上幼儿园，各种的不适症，每个人都需要老师的照顾，我也不知道怎么办才好……[②]

从以上的访谈记录可以看出，这位保教人员对于睡眠“特困生”的态度是无可奈何的。保教人员应根据“特困生”的实际情况，分析幼儿睡眠困难

① 佚名：《幼儿园内二龄童莫名死亡》，《齐鲁晚报》2009年1月6日。

② 肖燕：《教师组织幼儿午睡活动的研究——以武汉市A园为例》，硕士学位论文，华中师范大学，2014年，第20页。

的原因，然后采取相应的教育措施。

睡眠不当行为在幼儿园不同年龄班的严重程度有所差异。保教人员应该高度重视并纠正幼儿的睡眠不当行为，提高幼儿睡眠的质量。比如遇到幼儿睡姿错误等问题，值班人员应该加强巡视，及时发现、及时纠正。保教人员随后应与幼儿家长沟通交流，同家长一起帮助幼儿学习正确的睡姿。遇到幼儿大声喧哗或者是讲悄悄话的情况，值班人员应及时制止并让邻床的幼儿掉头睡，以免幼儿睡觉时讲话或打闹。保教人员也应该以身作则，在幼儿进入睡眠之后不发出很大的声音。

三、午睡后环节的组织

起床活动是最为热闹的一个阶段，寝室常常充斥着幼儿的叫喊声、保教人员的催促声。

（一）起床活动

伴随着起床音乐的响起，幼儿迅速爬起来，准备穿衣服。保教人员此时一方面需要提醒幼儿先穿上衣、再穿裤子，这样能够避免着凉；另一方面需要帮助正在学习穿衣服的幼儿。组织完幼儿起床活动后，保教人员开始铺床、叠被子，穿戴好的幼儿被带去上厕所以及喝水，最后保教人员再关闭寝室的空调、排气扇等。

（二）睡后活动

小班基本没有安排睡后活动，中、大班的睡后活动相对较多。随着幼儿年龄的增加以及自理能力的提高，中、大班的幼儿基本学会了自己穿衣服、如厕、喝水，有效地减少了保教人员的工作量，保教人员就会有更多的精力去安排睡后活动。保教人员一般会安排比较容易组织以及受幼儿欢迎的活动，如组织幼儿听音乐、让幼儿进行表演、安排想看书或者想玩玩具的幼儿去各自的区域活动等。

第二节 午睡环节的作用

午睡在每个幼儿园中都是非常重要的活动，是每个幼儿园的保教人员都应该做好的工作之一，也是每个幼儿在幼儿园里所要经历的环节。笔者对午睡的作用进行分析，希望能够提升保教人员对午睡的科学认识，加强保教人员对午睡的重视程度，帮助保教人员在教育的过程中做出适宜的教育行为，有效地提升幼儿午睡的质量。

3～6 岁的幼儿正处于生长发育以及技能发展的重要时期，充足的睡眠时间、良好的睡眠质量对幼儿身心的健康发展起着非常重要的作用。科学、合理的午睡，不仅能够帮助幼儿缓解在幼儿园学习和游戏过程中出现的疲劳，快速恢复精力和体力，帮助幼儿以良好的状态面对幼儿园接下来的学习与游戏活动，还能够有效地促进幼儿的机能发展和生长发育。此外，午睡能够培养幼儿养成良好的生活习惯和积极、健康的心理状态。

一、良好的午睡是幼儿健康成长的保证

人在睡眠状态下生长激素分泌最为旺盛，而生长激素是幼儿机能发展和生长发育的关键。幼儿正处于机能发展和生长发育的关键时期，所以需要充足的睡眠时间以及良好的睡眠质量。睡眠质量不好或者睡眠时间不足，都会造成幼儿身体器官出现异常，进而使得大脑皮层的活动规律遭到破坏、神经系统的发育受到阻碍，对幼儿的生长发育有着非常不利的影响。

二、午睡是对幼儿夜眠的必要补充

不同年龄的幼儿每天所需要的睡眠时间是有一定差异的。3～4 岁的幼儿每天需要的睡眠时间为 12 个小时左右，4～5 岁的幼儿每天需要的睡眠时间为 11 个小时左右，5～6 岁的幼儿每天需要的睡眠时间为 10 个小时左右。随着

年龄的增加，幼儿每天需要的睡眠时间是逐渐减少的，其中午睡时间一般需要保障在 2 个小时左右。要想保障幼儿每天有足够的睡眠时间，仅仅依靠晚上的睡眠时间是不够的。午睡能够有效补充幼儿的睡眠需要，保障幼儿身体的正常生长发育。

三、午睡有利于幼儿保持良好的情绪状态

午睡不仅会影响幼儿的身体健康，还会影响幼儿的情绪。良好的睡眠质量以及充足的睡眠时间，能够帮助幼儿缓解身体和心理的双重疲惫，使幼儿的身体处于良好的状态、精神处于放松的状态。幼儿的睡眠质量不好或者是睡眠时间不足，会导致幼儿情绪烦躁、活动不够持久以及注意力不够集中等，最终会使得幼儿出现不良的情绪，比如不合作、不参与活动以及发脾气等，甚至会出现攻击行为。

第三节　午睡环节的指导策略

环境能够对幼儿的睡眠质量产生直接的影响，是幼儿养成良好睡眠习惯最为重要的外部条件。午睡的环境包括物质环境、心理环境等。保教人员应注重在生活、游戏中培养幼儿良好的睡眠习惯，同时与家长达成一致、相互配合，共同引导幼儿养成良好的睡眠习惯。

一、物质环境的暗示

第一，保教人员需要在幼儿进入寝室之前创设有利于幼儿睡眠的环境，比如：拉上窗帘，以保证光线适宜；保证窗户在睡觉前后“两开两关”，以此来保障寝室的通风情况。第二，按照幼儿的实际年龄在寝室门上制作睡觉标语，暗示幼儿该睡觉了、要轻轻地走路和谈话；可以在寝室内装饰上星星等图画，营造温馨、宁静的睡眠氛围，帮助幼儿尽快进入睡眠状态。

二、心理环境的创设

保障幼儿的睡眠质量，不仅仅需要良好的物质环境，更重要的是创设轻松、愉快的心理环境。物质环境的舒适、安静及心理环境的轻松、愉悦，能唤起幼儿的睡意，使幼儿更快、更轻松地进入睡眠状态。

在心理环境创设过程中，首先，保教人员要做好入睡前的准备，开展相关的睡眠指导活动，如通过睡前听音乐、欣赏故事等活动稳定幼儿的情绪，让幼儿轻松进入睡眠状态。其次，保教人员要为幼儿营造和谐、温馨的氛围，避免幼儿产生负面情绪从而影响入睡。最后，由于幼儿园在午睡环节对幼儿的自理能力有一定的要求，很多刚刚进入幼儿园的幼儿会对午睡存在不同程度的焦虑，所以保教人员需要在日常活动中提升幼儿相关的自理能力。比如，可以通过儿歌帮助幼儿学习脱穿衣裤的方法，让幼儿在没有心理负担的情况下学习基本的生活技能，并将日常活动中所学习的技能迁移至午睡环节，以此帮助幼儿做好安心睡眠的心理准备。

三、培养良好午睡习惯的方法

（一）生活中培养

幼儿良好午睡习惯的培养是一种行为教育，因此，保教人员需要在日常的生活中对幼儿进行坚持不懈的引导。

1. 示范讲解法

保教人员可以通过相关的情境表演，给幼儿一个良好的示范，教育幼儿在睡眠的过程中应该盖好被子、闭上眼睛。通过表演的形式，让幼儿记住并模仿，会达到良好的教育效果。

2. 儿歌教育法

在幼儿园的教学过程中，保教人员可以通过儿歌来帮助幼儿养成良好的午睡习惯，如通过儿歌来教育幼儿走进寝室的过程中脚步要轻。

3. 表扬鼓励法

保教人员在培养幼儿良好午睡习惯的过程中，可以通过表扬午睡中表现良好的幼儿，督促其他幼儿向表现好的同伴学习，促进幼儿良好午睡习惯的养成。

（二）游戏中培养

保教人员可以利用平时的角色游戏，来帮助幼儿养成良好的睡眠习惯。例如，让幼儿当妈妈，哄“娃娃”睡午觉，帮“娃娃”盖被子；当“娃娃”睡着之后，“妈妈”需要轻轻地走路，避免发出声音而吵醒“娃娃”。

（三）家园共育

在培养幼儿良好的午睡习惯的过程中，保教人员与家长始终需要坚持一致性、一贯性的原则，既需要对幼儿进行一致要求，又需要相互配合。保教人员可以通过幼儿园学期初的家长会将幼儿作息时间表、生活和卫生习惯培养的内容及要求等告诉家长，督促家长与保教人员密切配合；或利用家长来园接幼儿的时间与家长进行沟通，一起探讨幼儿良好午睡习惯的养成问题，尽可能地做到家园共育。

本章练习题

1. 保教人员可在午睡前、午睡中、午睡后组织哪些活动？
2. 幼儿园午睡环节的作用是什么？
3. 如何对幼儿午睡活动进行指导？

第八章　离园环节

第一节　离园环节的内容和任务

案例

随着悦耳的离园音乐响起，主班老师在有序地组织活动，保育员在一旁协助，配班老师站到了门口，准备分发通知并登记幼儿名单。家长们有序地排着队进入班级。当配班老师第一个念到“笑笑”的名字时，笑笑立刻飞奔了出去，因为今天是爸爸来接。爸爸一看到笑笑，又亲又抱：“宝贝，真乖，今天都学了什么本领?”然后爸爸带着笑笑高高兴兴地跟老师道别后离开了班级。其他的家长也陆续涌到了门口，班级进入接送人员密集的高峰时段。只见配班老师一边分发着通知，一边登记着接送名单，还不时地跟个别家长交谈几句，应接不暇。班上，主班老师正组织着安静的活动，多多翘首窗外，见妈妈还不来，便轻声哭了起来。其他幼儿也渐渐地“不淡定”了起来。保育员连忙上前安慰多多，主班老师又连忙组织起了小游戏，转移幼儿的注意力。此时，班上典型的淘气蛋——淘淘，趁老师和保育员不注意，悄悄地溜出了后门……不一会儿，淘淘的妈妈来接他了，配班老师喊了几次他的名字，也没有回应，这才发现淘淘不见了。

金教鞭

离园活动是幼儿园一日活动中的最后一个活动，也是一日活动中的一个重要环节。离园活动是幼儿一天集体生活的结束，也是幼儿从集体生活转入家庭生活的过渡阶段。离园活动环节内容多而烦琐。当接送进入人员高峰时段时，幼儿的表现不稳定，容易出现突发状况，此时保教人员只要稍不留心，便容易产生各种安全问题。离园环节中，保教人员的主要任务是做好离园活动，使幼儿愉快地离开集体。离园活动包括引导幼儿做好清洁、整理工作，稳定幼儿情绪，进行总结性谈话，将幼儿交给家长。

一、引导幼儿做好清洁、整理工作，养成良好生活习惯

保教人员应指导幼儿整理好活动室环境、个人仪表，提醒幼儿带好自己的个人用品，如衣物、用具等，帮助幼儿养成勤劳、整洁、生活条理化等良好行为习惯，提高幼儿自我管理的能力。

二、稳定幼儿情绪，让幼儿以愉快的情绪等待家长

有经验的保教人员都知道离园环节往往是幼儿情绪最不稳定的时刻。幼儿在幼儿园待了一天，知道家长马上就要来接了，往往比较兴奋，特别是个别分离焦虑明显的幼儿在看到同伴陆续被家长接走时，更是按捺不住内心的激动，焦躁地在活动室里跑来跑去。这一行为容易造成安全隐患，并使活动难以组织。因此，离园环节中，保教人员要注意稳定幼儿的情绪，做到面向全体、关注个别，对于个别情绪不稳定的幼儿给予关注和疏导，以消除幼儿因等待家长产生的急躁不安。

三、进行总结性谈话，巩固幼儿当天的学习收获，引发幼儿对次日活动的期待

离园前的谈话活动中，保教人员可简单小结当天的生活情况，巩固幼儿的学习收获，肯定幼儿的进步，指导幼儿回家后的活动。同时，保教人员应组织未接走的幼儿进行小型的安静活动或自选活动，并鼓励幼儿热情地与保教人员、同伴道别，引发幼儿对次日活动的期待与向往。

四、做好家长接待工作，延续幼儿的良好行为习惯

幼儿良好行为习惯的养成，离不开幼儿园和家庭双方的共同配合。热情地接待家长、与个别家长交流幼儿的表现，也是离园环节的内容和任务之一。由于离园活动时间有限，保教人员应根据幼儿当天或近期的表现情况、存在的问题，有针对性地与个别家长进行简短谈话，以取得家长的配合。同时，保教人员还应有意识地引导幼儿把在幼儿园学到的东西迁移到生活中，把形成的良好行为习惯延续到家中。

第二节　离园环节的教育价值

案例

又到离园的时间了，大部分的幼儿在与老师道别之后都开开心心地离开了幼儿园。乐乐的妈妈也来了。乐乐妈妈说："宝贝，收拾玩具，该回家了！"可乐乐一脸不快地说："这么快就回家啦，我还没玩够呢，妈妈，我再玩一会儿好吗？"征得妈妈的同意后，乐乐继续专注于科学区的探索……剩下的幼儿已经不多，乐乐妈妈只好跟老师聊了起来："瞧这孩子，以前刚入园时，每天都想早点回家，生怕我迟来接，现在是每天都舍不得回家，说幼儿园里可好玩了，叫我不要那么早来接，而且回到家里都要跟我讲一大堆幼儿园里开心的事情，还把老师教的儿歌、歌曲唱给我们听……"最后，清园铃声响起，乐乐才在妈妈的催促下依依不舍地离开了幼儿园。

上述案例可以看出，乐乐从以前的每天都想早点回家转变为现在的常常不想回家。这在一方面说明乐乐已经很好地适应了幼儿园的生活；在另一方面说明幼儿园离园环节的活动深深地吸引了他，让他每天都流连忘返。因此，

离园环节有着不可忽视的教育价值。

一、离园环节是引发幼儿在园幸福感的重要时段

幼儿园“一日生活皆课程”。离园这个时段，幼儿的状态可凝结为“幸福”二字。

首先，离园环节幼儿有着愉快的内心体验。经过一天的幼儿园生活，幼儿知道要回家了，马上可以见到爸爸妈妈了，处于兴奋与期盼当中，表现出愉悦与幸福感。

其次，离园环节幼儿有着自主的活动状态。在离园环节，保教人员会组织安静活动或让幼儿自主选择活动，此时幼儿可以自主选择同伴、选择游戏，可以独自安静地活动，也可以愉快地与同伴交流和交往，容易引发内心的放松感和满足感。

最后，离园环节幼儿有着留恋和期待的情感。离园是幼儿当天生活的未完待续，它不是幼儿一日生活的“句号”，而是能引发他们对在园生活的美好回味以及对明天生活的期待和向往的“省略号”。

二、离园环节是进行个别教育的最佳时机

离园环节，家长来园接幼儿的时间参差不齐。当大部分幼儿被接走、剩下为数不多的幼儿时，这正是教师对这些幼儿进行个别教育的最佳时机。这样的个别教育既可以弥补集中教育活动中教师由于班额过大而忽略幼儿个体差异的缺憾，也可以针对幼儿当天活动中存在的问题以及个体的特点和兴趣提供一些个别化的指导。例如，教师可以针对个别幼儿与同伴之间的交往问题进行疏导，鼓励性格内向的幼儿与教师、同伴交谈。

三、离园环节是增进家园良好沟通的黄金时间

幼儿的成长离不开幼儿园与家庭的和谐共育。幼儿园的工作应争取家长的理解、支持和主动参与，共同支持幼儿的成长。离园环节是家园沟通的良好时机。教师应该本着尊重、平等、合作的原则，积极主动地与家长沟通，

让家长及时了解幼儿一天在园的活动情况；针对个别幼儿的问题与家长交流，提出建设性的意见，使家园双方开展一致的教育。同时，家长也可向教师反映幼儿在家的行为。教师应加强与家长的情感沟通和信息交流，激发家长参与幼儿园教育的兴趣和热情，实现家园共育。

第三节　离园环节的指导

案例

还有几分钟就到离园时间了，A班的老师对当天的活动做了简单的小结之后，为了让幼儿不随处乱跑，便打开了电视，组织幼儿安静地边看电视边等家长。B班的老师请全体幼儿安静地坐在位子上，简单地分发了明天活动的通知单并交代了明天需要带的东西，然后随意地给幼儿发一些书、桌面建构玩具。早等待在活动室门口的几个家长争先恐后地叫着自己孩子的名字，听到名字的幼儿扔下手中的书或玩具径直跑了出去。还未被接走的幼儿，不一会儿便对手上的书本和玩具失去了兴趣。有的幼儿无所事事，有的自我控制能力较弱的幼儿开始按捺不住激动的心情在活动室里跑来跑去，跟身边的幼儿嬉戏、打闹。老师见状，连忙安顿："安静！你们都坐下来等爸爸妈妈！"可是尽管老师卖力地组织，效果却不太理想。

从以上案例可以看出，离园环节的组织极易受到教师的忽视。当前一些幼儿园的离园环节单调乏味，有的教师组织的活动草草了事，教育效果大打折扣。因此，离园环节的组织与指导应根据实际情况有目的、有计划地进行，并抓住有价值的教育契机，实施有效的指导和帮助，以满足幼儿各方面的需要，使幼儿的离园状态既兴奋、愉悦又稳定、放松，使离园活动既充实、有趣，又轻松、自然，从而真正发挥离园环节应有的教育价值。

一、离园环节的流程及常规要求

对于保教人员来说，离园环节是幼儿园一日活动中较难组织的环节。家长来接幼儿之前，班级保教人员应做好充分的离园准备，做到分工明确、各司其职、协调合作，保证幼儿安全、有序地离园。幼儿园主要的就读形式有全托、简托和日托三种，其中日托是最普遍的就读形式。下面以日托形式为例，较为详细地说明离园环节的流程及常规要求。

表 8-1 幼儿园离园环节的流程及常规要求

时间	具体流程	幼儿	教师	保育员
夏季 16:40 | 17:30	离园前约15分钟：整理物品，组织幼儿喝水、如厕、盥洗、整理仪表	1. 学习整理、管理物品，能有序整理、摆放离园前活动的玩具等物品。 2. 有序地喝水、如厕、盥洗，乐于整理自己的仪表以及需要带回家的物品。	1. 提醒幼儿整理活动的材料并分类摆放，组织幼儿检查、收拾好自己的生活和学习用品。 2. 提醒幼儿喝水、如厕、盥洗、整理仪表及带好需要带回家的物品。 3. 检查幼儿服装穿戴是否整洁、适宜。 4. 根据需要用小黑板、便条、家园栏等方式向家长介绍幼儿当日在园情况或通知有关事宜。	1. 协助教师合理衔接前一活动，负责清洁、整理班级物品。 2. 根据需要，及时为幼儿擦汗、垫汗巾，准备幼儿洗脸毛巾，在定点处指导幼儿盥洗、整理着装，并关注幼儿的衣着情况，必要时给予帮助。
冬季 16:30 | 17:30	离园前约10分钟：稳定幼儿情绪，组织幼儿谈话或自主活动	1. 保持稳定、愉快的情绪，等待家长来接。 2. 积极参与谈话活动，回顾当天的学习内容。 3. 根据自己的意愿选择离园活动内容，遵守活动规则，安静地活动。	1. 创设温暖、轻松的心理环境，稳定幼儿情绪。 2. 组织回顾性谈话或进行有针对性的教育，小结当日活动，交代明天的活动准备，并有计划地组织幼儿自主活动。 3. 提醒幼儿有礼貌地向保教人员和同伴告别。	1. 协助稳定幼儿情绪，安抚个别情绪波动较大的幼儿。 2. 协助教师准备活动的玩教具。

续表

时间	具体流程	幼儿	教师	保育员
	离园前约5分钟：做好离园前的准备工作	1. 跟随教师开展游戏活动、轻声与同伴交流。 2. 自主地选择活动内容，安静活动。	1. 主班教师负责组织幼儿自主游戏或自选活动。 2. 配班教师准备好需要分发的通知、材料，并在前门站位做好接待家长的准备。	1. 负责关闭活动室后门。 2. 提高警惕，关注幼儿的去向。 3. 协助主班教师指导幼儿自主活动。
	16:40/16:30后：离园开始，组织家长有序接回幼儿	1. 安静、有序地自主活动，尝试解决自主活动中的问题和冲突，与同伴友好相处。 2. 离园时把玩具、材料、椅子等收放整齐并归位，保持环境的整洁和有序。 3. 主动与保教人员、同伴道别，约好明天愉快地来园。 4. 跟随家长离园，不独自离开，不跟陌生人走。	1. 主班教师继续组织未接走的幼儿安静、自主活动。 2. 配班教师负责认真核实家长（严禁出现幼儿自己离班、离园、被陌生人接走等现象），并做好离园幼儿的登记，遇有陌生人来接，必须通过电话或其他可信的方式进行确认。与个别家长简短交谈，反馈幼儿在园情况，并示意个别需要进一步交流的家长稍作等待，等人流高峰过后再做进一步交流。 3. 做好个别特殊幼儿的交接工作，如针对生病的幼儿和当天表现异样的幼儿，应向家长详述幼儿在园的生活及活动情况，提出希望家长配合与支持的要求和具体方法。	1. 在人员密集的高峰时段，密切监视幼儿安全及走向，留意活动室内的幼儿是否自己私自从后门离班或从前门的人缝中离开。 2. 继续协助主班教师指导幼儿自主活动。等人流高峰过后，可以针对幼儿生活习惯方面的问题与个别家长做简短沟通。 3. 主动与个别特殊幼儿家长交流当日该幼儿在园的一日生活，汇报护理情况，争取家长的理解、支持与配合。

续表

时间	具体流程	幼儿	教师	保育员
	17：00后：将个别未被接走的幼儿移交至园部指定值班室	1. 个别未被接走的幼儿跟随配班教师至园部指定值班室，继续自主活动，等待家长来接。 2. 离园时与值班教师道别。	1. 配合值班人员催促幼儿尽快离园。将个别未被接走的幼儿带到由值班教师负责的值班室，做好交接登记。 2. 可根据需要与个别幼儿交谈，并整理当天的教学用品。	1. 负责清洁、整理班级物品，使离园活动时活动室有序。 2. 断开水源、电源，清理垃圾桶内的垃圾。 3. 及时清洁、消毒清洁用具（如扫帚、拖把、抹布等），干燥保存。 4. 打开班级的紫外线消毒灯，做好班级消毒工作，并做好记录。
	17：30后：清园	1. 在户外活动的幼儿听到清园音乐，应主动离园。 2. 极个别未被接走的幼儿在值班教师的帮助下与家长取得联系。	1. 值班教师帮助联系迟来接的家长，并核对家长信息，做好个别幼儿的接走登记、签字工作。 2. 待所有幼儿离园后，再做好次日各项活动的准备。	1. 再次确认活动室清洁完毕、物品整理完毕后，方可离园。 2. 协助教师做好次日各项活动准备。
备注	离园环节中，“两教一保”应全部到位，分工协作。离园环节的具体流程在一定的时间范围内可根据具体情况灵活微调。时间方面没有严格的限制，一个流程结束后即可进入下一流程，保障活动安全、有序。			

二、离园环节的指导重点

离园音乐响起，我们常常可以看到这样的画面：有的幼儿伸长了脖子看自己的家长是否第一个出现在班级门口，如果出现在门口的是其他幼儿的家长，那么他们的表情会立马“晴转阴”；有的幼儿看到同伴陆续被接走，活动室里就剩下几个幼儿时，心里非常着急，不停地念叨：“老师，妈妈怎么还不来接我，你打我妈妈电话好吗?”还有的幼儿坐不住了，在活动室里追逐、奔跑起来……

由于不同年龄段幼儿身心发展特点不同，幼儿在离园环节的表现和需求也不尽相同，因此针对不同年龄段幼儿的身心发展特点，保教人员在离园环节指导的重点也应有所不同。保教人员要根据不同年龄段幼儿的实际表现，有重点地实施教育和引导。

（一）注重稳定幼儿的情绪

托班及小班初期幼儿最明显的特点是情绪不稳定，易受外部环境的干扰，分离焦虑情况比较严重，缺乏安全感，十分依恋家长和保教人员。如果看到其他的幼儿陆续被家长接走、自己的家长还没来，他们哭闹、焦虑的现象会更严重。因此，离园环节中稳定托班及小班初期幼儿的情绪显得尤为重要。托班及小班初期幼儿在离园环节中常寸步不离地跟随保教人员，不参加任何活动，嘴里念叨着“我要找妈妈”“给妈妈打电话”；有的幼儿眼睛直盯着门口或者抱着自己依恋的物品呆呆地坐着。离园前，教师可以与托班及小班初期幼儿进行亲切互动，用微笑、拥抱、拍拍、摸摸等亲切的方式稳定幼儿情绪，帮助他们回想一天中快乐的事情，鼓励他们的点滴进步，使幼儿感到自己很能干。教师也可以运用情境游戏营造有趣的氛围，转移他们的注意力，或者组织重复性游戏、角色游戏、建构游戏等，使幼儿情绪稳定、耐心地等待家长来接。离园时，教师应鼓励幼儿有礼貌地和保教人员、同伴道别，并与幼儿约定明天再见，使他们保持良好的情绪回家。

链 接

1. 分离焦虑

分离焦虑就是指当幼儿与依恋对象（通常指家长）分开时形成的一种过度焦虑的情绪，具体表现为哭闹、害怕、躁动不安、缠着依恋对象，甚至拒绝饮食、睡觉困难等。

2. 如何缓解小班幼儿的分离焦虑

(1) 做好新生入园前的家访工作

在幼儿入园前，教师要对每个幼儿进行家访，全面了解幼儿的情况，如幼儿的生长环境、兴趣爱好、性格特点等等，并做好记录，以便对幼儿进行有针对性的教育。在此过程中，教师应与幼儿互动，消除幼儿的陌生感；向家长介绍幼儿园的情况，消除家长的担心。通过向家长发放入园须知，让家长有目的地对幼儿进行指导，提高幼儿的生活自理能力，为幼儿适应幼儿园生活做好准备（包括心理准备和物质准备）。

(2) 建立良好的师幼关系，让幼儿具有安全感

对于新入园的幼儿，教师要记住每个幼儿的名字或乳名，积极、主动地与幼儿交流，让幼儿感到亲切、温暖，把教师当成可以依赖的亲人。当幼儿情绪波动时，教师可以抱抱、安慰幼儿，并帮助幼儿建立良好的同伴关系，体验交新朋友的乐趣。同时，教师要给予幼儿更多的关爱，多向幼儿表达自己的友好，建立良好的师幼关系。

(3) 组织有趣的游戏

游戏能吸引幼儿的注意力，缓解幼儿的焦虑情绪。因此，教师应组织丰富、有趣的游戏活动，让幼儿积极地投入游戏中，减少幼儿的分离焦虑。

(4) 家园合作

在教育幼儿的工作中，幼儿园教育和家庭教育都具有非常重要的作用。因此，为了更好地缓解幼儿的分离焦虑，教师与家长应相互合作，共同配合。教师应向家长介绍幼儿园的一日生活流程以及

小班的主要任务，帮助家长改变育儿观念，如：当幼儿离园后，家长应与幼儿共同交流幼儿在幼儿园所经历的趣事，给幼儿积极的心理暗示，让幼儿感受到幼儿园的生活是多姿多彩的、教师是亲切慈爱的。另外，幼儿园可以不定期地安排家长会、家长日，举办一些亲子活动，等等。

中、大班幼儿的情绪虽然仍会受外界事物的影响，但他们情绪趋于稳定，能够有意识地控制自己情绪，分离焦虑现象明显减轻。因此，教师可以在离园环节中侧重激发中、大班幼儿愉悦的情绪体验。离园前，教师可鼓励幼儿用不同的方式记录和表达一天愉快的生活，引导幼儿学习关注、欣赏和赞美同伴，如分享一天中快乐的事情、夸一夸自己或同伴等；鼓励幼儿主动向保教人员和同伴道别，支持幼儿之间自主、友好的约定等。

（二）注重幼儿安全离园的监护

保障幼儿安全离园，是保教人员组织离园环节工作的重中之重。为确保接送安全，避免错接、漏接现象发生，家园双方都应严格落实相关的安全制度及离园接送制度。每学期开学初，教师应与家长签订并落实《安全责任状》、实行幼儿离园家长签字制度、遵守幼儿入离园智能安全识别制度（智能安全识别卡）或持接送卡接送制度等。教师应要求接送幼儿的人员相对固定，认真辨认接送人员，确定后再把幼儿交给接送人员，并请接送人员在“离园签字表”上签字后离开。有陌生人接幼儿时，教师应首先与家长取得联系，得到家长同意后，请陌生人在离园签字表上签字，方可把幼儿交给陌生人。当接送人员密集时，家长应自觉排队、按顺序接送，以免造成拥挤、混乱。

（三）注重幼儿良好离园常规的培养

离园环节与一日活动的其他环节一样，只有幼儿形成良好的常规，才能保障该环节的有序进行。教师应结合本班实际，制订切实可行的离园常规，并有效落实。班级中的保教人员需要对幼儿有统一的常规要求，不能随意变化。当然，良好的常规形成贵在坚持。由于幼儿行为的随意性，教师需要不断地在离园前重述离园的要求，例如反复提醒幼儿离园时只能从前门出、及时跟保教人员道别、家长没来接时不可私自离开班级等，这样的规定能从根本上避免幼儿“走失”行为的发生，保证幼儿的安全。教师如此反复地指导，久而久之，相信幼儿便能将具体的常规要求自觉地转化为实际行动，从而养成良好的习惯。

(四) 注重幼儿各种能力的渗透培养

1. 培养幼儿的生活自理能力

托班及小班幼儿的生活自理能力较差，还未养成良好的生活习惯及卫生习惯，需要成人的指导和帮助，因此，离园环节中保教人员应对托班及小班幼儿进行生活自理能力方面的指导，帮助他们初步养成良好的生活习惯。例如，引导幼儿学习整理仪表的方法，重点指导幼儿整理衣袖和提裤子，特别是冬春季节要注意随时帮助幼儿提裤子，避免幼儿着凉；引导幼儿学习区分自己与他人的物品，将早上带来的玩具等物品放在固定、显眼的位置，方便离园时带走，并知道不是自己的东西不能带回家；引导幼儿离园前将玩过的玩具和材料放到固定的位置，摆放整齐。

中、大班幼儿的动手操作能力有明显的发展，参与活动的积极性有了较大的提高。因此，离园环节中保教人员应侧重指导中、大班幼儿养成良好的生活习惯与提高自我服务的技能。例如，引导幼儿学习整理书包、学穿外套等；指导幼儿有序地取放、管理自己的物品，培养幼儿做事认真、仔细的良好习惯；引导幼儿协助保教人员做好活动室物品的归类摆放和卫生清理工作，帮助幼儿建立初步的劳动意识。

2. 培养幼儿的交往能力

托班及小班的幼儿，正由直觉行动思维向具体形象思维发展，基本上是在行动过程中认识事物的，注意力不集中，易受自己情绪与外部环境的干扰；在和同伴的交往中明显带有自我中心的倾向，且不会说礼貌用语，往往只是各玩各的，不会和同伴一起分享玩具，同伴之间常常出现争抢玩具的行为。离园环节中，教师应侧重引导托班及小班幼儿拓展交往范围，例如在离园活动中尝试运用情境、故事等方式引导幼儿理解自选区域活动的规则，使他们愉快地参与活动；引导幼儿使用简单的礼貌用语跟保教人员交流，并在小班后期逐步引导幼儿学会和同伴分享玩具。教师在接待家长时要兼顾未离园幼儿的活动和交往，及时介入，给予适宜的指导，帮助幼儿解决冲突和问题等。

中、大班幼儿活动的自主性与主动性得到了进一步发展，需要更加宽松、安全的探索环境。离园环节中，教师应为幼儿提供丰富的环境和材料，安排具有足够探索空间的活动，引发幼儿的操作欲望。活动过程中，教师要有所侧重地巡回观察，并在适当的时机给予支持和帮助，鼓励幼儿运用轮流、协商等方法解决自主交往中的冲突和问题，促进幼儿认知、交往能力的提升。

（五）注重家园沟通作用的发挥

离园环节中，保教人员应注重与家长进行简短、有效的沟通。大多数家长平时忙于工作，只有到离园时间才能抽空跟保教人员做简短的沟通，因此保教人员应有目的、有计划地与家长交谈，具体、详细地向家长介绍幼儿在园的一日活动情况，并提出指导性建议，实现家园配合一致地对幼儿进行教育，共同促进幼儿各方面的成长和进步。托班及小班保教人员可侧重检查幼儿有无尿湿裤子、弄湿袖子等情况，随时帮助幼儿更换和整理，并及时反馈给家长。中、大班保教人员可侧重提醒幼儿回家途中的注意事项，有计划地引导幼儿带亲子小游戏回家和家长一起玩，培养幼儿初步的任务意识和责任感。

三、离园环节的指导形式

教师在离园环节对幼儿进行有针对性的教育、组织形式多样的活动，既能稳定幼儿的情绪，又能充分发挥离园环节应有的教育价值。

（一）轮流值日

中、大班幼儿特别喜欢做值日生。离园环节中教师可以让幼儿轮流当值日生，进行适当的劳动，如擦摆桌椅、检查同伴收拾玩具的情况、图书分类、捡拾纸屑等。适当的劳动既能减轻教师的负担，又能培养幼儿爱劳动的好习惯。

（二）复习巩固

一天的活动结束了，幼儿知道要回家了，会显得很兴奋，尤其是自我控制能力较弱的幼儿喜欢随意地在活动室里走动。这时，教师可以组织幼儿以唱歌、念儿歌等形式复习当天所学习的内容，既可以稳定幼儿情绪，又能帮助幼儿巩固所学内容，激发幼儿学习的积极性。

（三）组织班会

离园环节中，教师还可以通过组织形式多样的班会，促进师幼、幼幼之间的愉快互动。

1. 快乐分享班会

小班末期的幼儿，同伴之间的交往逐渐增多，开始有了一定的分享行为；中、大班幼儿的交往更为频繁。离园环节是幼儿学会分享的最佳时机，此时教师可以鼓励幼儿分享家中带来的一些玩具、书，也可以进行读书分享，还可以跟同伴说一说开心的事情，对同伴的优点、进步的表现进行赞美，把快乐带回家。分享互动，有利于幼儿提升人际交往能力，提高语言表达能力，并把在园学到的良好行为习惯延续到家中。

2. 才艺展示班会

才艺展示班会既可以展示幼儿的才艺，也可以展现家长的才艺。如果教师在离园环节开展适宜的亲子教育活动，让家长在离园环节有机会参与，则可以调动家长参与幼儿园活动的积极性。针对幼儿的才艺展示，教师可在活动前请家长根据自己孩子的兴趣或特长事先准备好一项才艺展示的内容，如讲一个故事、唱一首歌、跳一段舞蹈、播报一个话题等，引导幼儿在集体面前大胆展示，增强幼儿的自信心。针对家长的才艺展示，教师可以事先对家长的兴趣、特长和职业进行调查并分组，与家长预约时间后，请家长按小组轮流到园辅助教师开展有特色的离园活动，例如亲子阅读、职业知识小问答、亲子趣味小游戏等，有效促进家园共育。

3. 问题讨论班会

问题讨论班会可针对近期班级幼儿普遍存在的问题、需要重点强调的具体问题，例如“怎样遵守区域规则?”“谁玩具收拾得又快又好?”“今天谁做了好事?”“谁最爱动脑筋?”等，组织幼儿讨论。幼儿通过讨论，可以了解一日生活中具体存在的问题，发现同伴的进步，带着欣赏的眼光去看待身边的人和事，从而规范自己的行为。

（四）区域活动

区域活动是教师和幼儿比较喜欢的一种离园活动。教师可根据幼儿的兴趣、当前主题活动的发展需要，有针对性地安排区域活动。教师应注意及时调整与不定期更换材料，并为幼儿提供必要的引导，以满足不同兴趣、不同水平幼儿的需要。区域活动既容易稳定幼儿情绪，又容易激发幼儿学习的积极性。

（五）游戏活动

离园前开展游戏活动更容易营造离园的宽松氛围。常用的离园小游戏包括手指游戏、益智小游戏、娱乐小游戏、民间小游戏等。当幼儿情绪躁动时，玩一些趣味十足的手指游戏，如“小猴子与鳄鱼”“石头剪刀布”等，很快便可以让幼儿安静下来。

离园前的户外活动深受幼儿的喜爱，户外亲子游戏也深受幼儿喜欢。每天利用离园时间开展户外亲子游戏，可以有效增进亲子之间的沟通。

当然，离园活动的组织形式多样，教师可根据本班幼儿的实际情况灵活选择组织形式，充分发挥离园环节的教育价值。

链　接

1. 手指游戏

（1）小猴子与鳄鱼①

五只小猴子荡秋千，嘲笑鳄鱼被水淹（双手张开，在空中挥动），鳄鱼鳄鱼游过来（左手不动，右手从另一侧边做张合动作，边靠近左手），啊呜！啊呜！吃掉一只小猴子（右手抓住左手拇指）。

四只小猴子荡秋千，嘲笑鳄鱼被水淹（双手拇指收拢，继续在空中挥动），鳄鱼鳄鱼游过来（左手不动，右手从另一侧边做张合动作，边靠近左手），啊呜！啊呜！吃掉一只小猴子（右手抓住左手食指）。

三只小猴子荡秋千，嘲笑鳄鱼被水淹（伸出中指、无名指和小指，继续在空中挥动），鳄鱼鳄鱼游过来（左手不动，右手从另一侧边做张合动作，边靠近左手），啊呜！啊呜！吃掉一只小猴子（右手

---

① 景晓娟主编：《0～6岁左右脑智力开发手指操》，文汇出版社2010年版，第23～24页。

抓住左手中指）。

两只小猴子荡秋千，嘲笑鳄鱼被水淹（伸出无名指和小指，在空中挥动），鳄鱼鳄鱼游过来（左手不动，右手从另一侧边做张合动作，边靠近左手），啊呜！啊呜！吃掉一只小猴子（右手抓住左手无名指）。

一只小猴子荡秋千，嘲笑鳄鱼被水淹（伸出小指，在空中挥动），鳄鱼鳄鱼游过来（左手不动，右手从另一侧边做张合动作，边靠近左手），啊呜！啊呜！吃掉了最后一只小猴子（右手抓住左手小指）。

（2）石头剪刀布①

石头剪刀布。石头剪刀布（两手依次握拳、伸出食指和中指、张开手掌）。做什么（左手摆一下）？做什么（右手摆一下）？

左手是石头，右手是石头（左手握拳摆一下，右手握拳摆一下），胖胖脸、胖胖脸（握拳贴在脸两边）。

左手是剪刀，右手是剪刀（左手伸出食指和中指摆一下，右手伸出食指和中指摆一下），小白兔、小白兔（食指和中指弯曲两下）。

左手是布，右手是布（左手伸出手掌摆一下，右手伸出手掌摆一下），小螃蟹、小螃蟹（两手大拇指靠在一起，另外四个指头弯曲一下）。

左手是石头，右手是剪刀（左手握拳摆一下，右手伸出食指和中指摆一下），小蜗牛、小蜗牛（右手伸出食指和中指，左手握拳放在右手背上）。

2. 娱乐小游戏：开心动物园

游戏玩法：教师与全体幼儿一起边拍节奏（拍手或拍腿）边提问："动物园里有什么？"第一个幼儿边拍手边说动物园里有的动物，然后其他幼儿与他一起立即模仿这种动物的动作。每个幼儿依次边说边做动作，不能说别人说过的动物名称。

游戏规则：整个游戏要一起拍节奏，如果有幼儿重复了前面幼儿说过的动物名称，则游戏结束，该幼儿为大家表演一个节目。过后游戏重新开始，此游戏可以根据需要变换游戏主题。

3. 户外亲子游戏：贴鼻子

游戏玩法：用布将家长的眼睛蒙上；家长在原地转三圈，请幼

① 景晓娟主编：《0～6岁左右脑智力开发手指操》，文汇出版社2010年版，第11～12页。

儿用语言指挥家长将鼻子贴到准确位置即获得成功。

游戏规则：家长不能偷看，幼儿只能用语言进行指挥。

四、离园环节的问题及应对策略

离园环节内容烦琐。保教人员在组织该环节时容易出现问题，最常见的问题主要有：第一，人员分工不明确，离园秩序紊乱。离园环节，特别在接送高峰时段，教师既要组织活动又要与家长交流，有的家长挤进活动室帮幼儿整理仪表，有的保育员忙着处理幼儿尿湿的衣裤而忽略了协助指导幼儿的工作，等等。第二，教师指导流于形式，幼儿消极等待。傍晚的离园时间，教师完成了一日活动的大多数工作后已经比较疲惫，在接近下班的时刻就容易放松，而且规定的教学任务已经完成，所以一些教师将此时视为等待时间，也是随意支配的时间，认为只要看好幼儿、等家长来接走就算完成任务了。有的教师交代完注意事项、布置完明天的任务后，就让幼儿坐在座位上安静等待，或者分发一些简单的绘本、小玩具给幼儿。有的教师开始整理教玩具或与个别家长交谈，没有关注剩余的幼儿，更没有对幼儿进行有计划的引导和支持。保育员开始打扫活动室，幼儿随意地在活动室中走动。这样无所事事的等待，既造成了幼儿学习时间的隐形浪费，又不利于幼儿形成正确的时间观念，同时也让幼儿园的一日生活“虎头蛇尾”，保教效果得不到及时的巩固和加强，教育效果打折扣。第三，家园交流蜻蜓点水，错失家园联系良机。离园时很多家长会同一时间到来，教师由于忙于组织离园活动，对于家长的询问常常以点头或“还行”“还可以”等蜻蜓点水式的简短交流来应付，很少有意识地针对幼儿的情况与家长进行深度沟通。这种交流缺乏实效性，容易错失家园联系的良机。

针对以上问题，结合离园活动的指导重点，保教人员可采取以下应对策略。

第一，“两教一保”合理分工、责任到人。各班的“两教一保”人员可根据本班实际情况制订“班级离园活动常规”，做到明确职责、责任到人。同时，在常规落实过程中“两教一保”应注意分工协作，确保离园常规落实的有效性、一致性。部分幼儿园常见的一种离园现象是，家长接到孩子的第一件事情就是帮孩子提裤子。试想，有哪个家长愿意看到孩子每天在幼儿园里都是露着肚脐，裤子穿得歪七扭八？所以保育员要明确工作的职责，在离园前再次指导、帮助幼儿整理仪表——裤子是否穿好、鞋子是否穿反等。当然，保育工作并不是保育员一个人的事情，教师要和保育员互相配合，协助指导幼儿整理仪表，做到分工协作、保教结合。另外，安全方面也要“两教一保”协调配合。主班教师在组织安静活动时，保育员要负责环视幼儿，配班教师也要留意幼儿是否在没有家长带领的情况下离开活动室，以免造成安全隐患。

第二，开展形式多样的离园活动，发挥教育价值。离园活动是一日生活的环节之一，是幼儿园教育活动的一部分。形式多样、富有教育性和趣味性的离园活动，更容易引起幼儿对在园生活的美好回味和期待，使离园活动成为一日活动的“点睛”之笔。教师可根据本班幼儿的实际情况，精心组织丰富多彩的离园活动，吸引幼儿主动参与离园活动，充分发挥离园活动应有的教育价值，避免采用“一刀切”的活动方式造成幼儿无所事事或消极等待。

第三，示意需要交流的家长稍作等待，再做深入交流。离园时间，家长相对集中，许多家长想找教师了解孩子在园情况，教师也需要针对个别幼儿情况主动与家长交流。如果在接送高峰时段与家长交流，往往容易让教师顾此失彼，无暇顾及班级的其他幼儿；如果教师与个别家长长时间地热情交流而对其他家长只是蜻蜓点水式的回应，会让其他家长觉得教师有意冷落。因此，离园环节中教师可示意需要做进一步交流的家长稍作等待，待接送高峰时段过去后或班上大部分幼儿离园后，再与个别家长做深入交流。

总之，幼儿园一日生活无小事，每件小事处理不当，也许就会变成大事。优质的离园活动同样彰显保教人员的教育智慧。为此，保教人员要树立“一日生活皆教育”的课程理念，有计划、有目的地组织离园活动，并注意相互间的分工与合作，使离园活动更具丰富性与趣味性。

本章练习题

1. 离园环节的内容和任务是什么？
2. 离园环节的教育价值有哪些？
3. 离园环节的流程与常规要求有哪些？离园环节指导的重点有哪些？离园环节有哪些常用的指导形式？离园环节有哪些常见的问题，如何应对？

第九章　过渡环节

案例

早晨，幼儿陆陆续续地来到幼儿园，教师站在班级门口接待幼儿和家长："乐乐，早上好！""老师，早上好！""真乖，去玩区域吧。""琪琪，早上好！""老师早上好！""进去玩吧。"……幼儿还没玩一会儿，教师又开始叫了："孩子们，我们要去外面玩了，把区域的玩具收了。""老师，我还没玩好呢！"翔翔一脸不乐意，舍不得收拾手中才拼了一半的积木小车。

早上来园时间，教师让先来的幼儿去自选区域玩区域游戏，这在幼儿园中是很常见的。但由于晨间接待的时间比较短、环境比较嘈杂，幼儿的注意力容易受外界因素的干扰，不容易专注于手头的"工作"；特别对于稍微晚来的幼儿来说，他们的时间更短，无法在短时间内完成手头的建构或阅读等活动。教师在幼儿还没有玩好的情况下催促幼儿收拾、整理，然后参与户外活动，这样不利于幼儿专注力的养成。

本章将重点探讨一日生活中过渡环节的教育价值与指导。

第一节　一日生活中过渡环节的教育价值

过渡环节是指幼儿园一日生活中幼儿从一个活动到另一个活动之间产生

的转换环节，也就是衔接一个活动和另一个活动的中间阶段。

一日生活中过渡环节，有的是室内与户外活动之间的过渡，例如幼儿入园到晨间户外活动之间的过渡；有的是两种不同类型活动之间的过渡，例如集中教育活动与区域活动间的过渡、集中教育活动与生活活动之间的过渡等。过渡环节发生在两个活动之间，穿插在幼儿的一日学习、游戏、生活、运动之中，既是休息、调整的环节，也是学习的环节。

一些教师不太重视过渡环节的教育契机，大多只是组织幼儿喝水、如厕或者利用幼儿休息的时间准备下一个活动的玩教具。过渡环节的教育价值没有得到充分的体现。事实上，过渡环节不仅仅是两个活动之间的小憩，它本身也具有独立的教育价值。

对于幼儿来说，过渡环节可以调整幼儿的身心节奏，让身体休息的同时也让高度集中的精神得到放松，从而让幼儿在下一个活动中精力充沛。处理好过渡环节，能提高教育活动的有效性。同时，由于过渡环节比较自由，幼儿之间可以放松地交流、互动，有助于幼儿社会性的发展。幼儿有时会三三两两地凑在一起探讨某一个共同感兴趣的话题，有时会一起观察自然角中的动植物，有时也会因某一件事产生矛盾或是生成某一个感兴趣的活动……因此，过渡环节孕育了无限的教育契机。幼儿在这一环节中尽情释放、展现自我，发展了观察力、创造力、语言表达能力、社会交往能力以及自我学习能力等。

对于教师而言，过渡环节能让他们及时地回顾、审视前一个活动的优缺点。教师通过与幼儿的互动，了解幼儿对前一个活动的兴趣、掌握情况，从而反思自己的教学策略运用得是否恰当、幼儿的学习积极性有没有被调动起来、自己的教学方法是否需要调整等，从而在下一个活动中及时调整自己的教学策略与方法，寻找更适合本班幼儿的教学方式，或是生成新的、幼儿需要的活动，使教育得到最优化。同时，教师还可以利用过渡环节更好地观察幼儿，了解幼儿的喜好，发现幼儿间存在的问题，适时地进行引导、教育，与幼儿建立更加亲密、和谐的师幼关系。这样的教育才是幼儿所需要的教育。

第二节　一日生活中过渡环节的指导

一、过渡环节指导应遵循的原则

（一）遵循活动的自然性原则

活动的自然性原则，是指过渡环节中幼儿的活动是在自然的状态下发生的。过渡环节的活动不是教师刻意组织的，不用教师过多安排，是幼儿在两个活动之间自然而然发生的。它可以是自然、活泼的，也可以是闲趣、静谧的；它容许幼儿喧闹嬉戏，也认可幼儿安静独处。教师要做的就是观察幼儿，根据幼儿需要，适时地进行引导、教育或提供适当的帮助，不必过多地干涉。

（二）遵循幼儿的自主性原则

过渡环节应尊重幼儿身心发展的需求，为他们的自主、独立发展提供最适宜的指导。过渡环节中，幼儿可以根据自己的意愿选择自己喜欢的活动，与自己喜欢的人游戏、互动，自由地表达情感和需求，让个性得到更好的发挥。特别是在一些生活环节之前或之后的过渡环节，这一点表现得尤为明显。一些生成性区域活动也由幼儿在过渡环节自主产生的兴趣而产生，例如“编辫子”这一区域活动便是在午睡起床后的过渡环节中产生的。

> 每天幼儿午睡起床后，教师总会给女孩扎辫子，长发的女孩便早早地开始排队等候，希望教师能给她们梳得美美的。每每这时总有那么几个幼儿非常认真地在一旁观看。教师笑着说：“你们是不是也想学啊？”幼儿不好意思地点点头。“那明天我们一起收集几个娃娃，你们也帮娃娃编辫子好吗？”“好啊好啊。”“老师，我家里有娃娃，我明天带来。”“那你们现在可要看好怎么编，明天才能给娃娃编辫子。把头发分成三股，这样交叉……”教师边讲边示范，幼儿认真地看着、学着。第二天，娃娃家就多了好几个娃娃，幼儿运用自己看到的、学到的本领认真地给娃娃编着辫子。

“编辫子”便是在自然的状态下，遵循幼儿自主性的原则而生成的一个区域活动。

（三）遵循幼儿身心发展适宜性原则

过渡环节的时间、过渡环节可开展的活动内容与强度，不是一成不变的，要根据前后两个活动的内容、强度及幼儿的特点来决定。只有适宜的过渡时间、活动内容与强度，才能真正发挥过渡环节的价值。适宜的时间、活动内容与强度则需要教师根据所带班级幼儿的年龄特点、发展情况，基于幼儿的“最近发展区”来安排。这样的过渡环节，才能适应本班幼儿的需求，并具有一定的挑战性。例如，某幼儿园根据幼儿的实际情况，在过渡环节开展了“绕过花圃去做客”的活动。

幼儿进入中班以后，平衡能力的差距拉得更大了。一部分幼儿在平常的活动中总喜欢站在一些稍高点的物体上展现自我，一部分幼儿却连平衡木都要人扶着走。根据幼儿的年龄特点及本班幼儿的发展情况，教师在带幼儿进行户外活动时，因地制宜，利用幼儿园的花圃，设计“绕过花圃去做客”的过渡环节活动，引导幼儿在花圃边沿练习平衡走，这样既满足了平衡能力发展好的幼儿的活动需求，又让平衡能力弱的幼儿在游戏情境中得到锻炼。这类活动可重复性强，幼儿户外活动前后都可以走上一两遍，锻炼强度可以根据幼儿的兴趣及身体状况自由掌握。

教师可以根据本园的实际环境，带领幼儿因地制宜地进行适宜的过渡活动。类似“绕过花圃去做客”的活动，常见的还有“平稳过小桥”“抓杠大行动”等（如图 9-1、图 9-2）。

图 9-1　平稳过小桥

图 9-2　抓杠大行动

（四）遵循自然渗透性原则

幼儿会在过渡环节中自然而然地运用新知识进行活动，构建新的认知或情感体系。我们常常看到幼儿在过渡环节会不经意地哼唱着刚刚学到的新歌，或是在自然角里讨论着刚刚观察过的小动物，有时甚至在看书时看到一个刚刚学到的“云符号”，也会兴奋地和同伴交流：“我看到了一个云符号。”“我也要找到。”“老师说‘这表示他在想’。”……所以在过渡环节中，教师可以自然渗透幼儿在此前活动中学习的经验，实现教育性、生活性的统一，更好地促进幼儿的整体发展。

二、过渡环节指导的形式

根据不同的过渡需求，教师可以采用不同的过渡形式。幼儿园中最常用的过渡形式主要有活动式过渡、信号式过渡、延伸式过渡和迁移式过渡。

（一）活动式过渡

活动式过渡主要指在两个活动之间，幼儿根据自己的需求进行的如厕、洗手、喝水等生活活动，并在此期间活动自己的身体，按意愿进行一些小游戏、小活动，让身心都得到放松与调节。例如在两个集中教育活动之间，有些幼儿需要如厕而有些幼儿不需要，此时，教师组织幼儿进行一些自选的小活动、小游戏是最合适的。幼儿可以根据自己的需要去如厕、喝水，或与自己喜欢的同伴聊聊天、玩一些自己喜欢的小游戏等，调节身心，然后再精神抖擞地进入下一个活动。这样的过渡环节既是幼儿休息、调整的时间，又是幼儿过渡、转换的时机。

链　接

适合的小游戏

1. 顶纸伞

游戏准备：幼儿学会念“顶纸伞”儿歌。

游戏玩法：两个幼儿一起合作，一个幼儿张开手掌当纸伞伞面，另一个幼儿伸出食指顶在“伞面”下当伞柄，两个幼儿共同念儿歌“顶纸伞，顶纸伞，纸伞合上快快逃”。儿歌念完，张开手掌的幼儿赶紧将手合上，去抓另一个幼儿顶着的手指；顶手指的幼儿则赶紧将手指收走，不让其抓住，如果逃离成功则赢，反之则是对方赢。

游戏规则：必须两人同时念完儿歌，念到最后一个“逃”字时才可以开始抓或逃。

2. 传悄悄话

游戏准备：几个幼儿自由组合，排成一行或一列，或坐或站。

游戏玩法：排头幼儿想一句悄悄话，附在后一个幼儿耳朵边传递悄悄话，后面的幼儿用同样的方式依次传递悄悄话，最后一个幼儿说出所听到的悄悄话。如果最后一个幼儿说的与排头幼儿说的一致，则传递成功，反之则失败。

3. 你说我猜

游戏准备：常见的水果或动物图片。

游戏玩法：一个幼儿抽取卡片，描述图片上的水果或动物的特征，其他幼儿根据听到的特征猜水果或动物。

（二）信号式过渡

信号式过渡一般指在即将进入下一个活动时，教师利用音乐、琴声、铃鼓等信号将幼儿注意力集中过来，从而顺利将幼儿的兴趣点自然地转向下一个活动。建议教师固定几个信号作为幼儿集中或特定指示的信号，例如某一首曲子响起或教师弹起某一首曲子时，幼儿做出固定的动作，表示进入活动状态等。这样，一段时间以后，幼儿一听到这首曲子，就会条件反射地做出相应的反应，从而快速安静下来、集中注意力，这样更有利于活动的组织。

链 接

适合活动前组织幼儿的音乐

小手拍拍

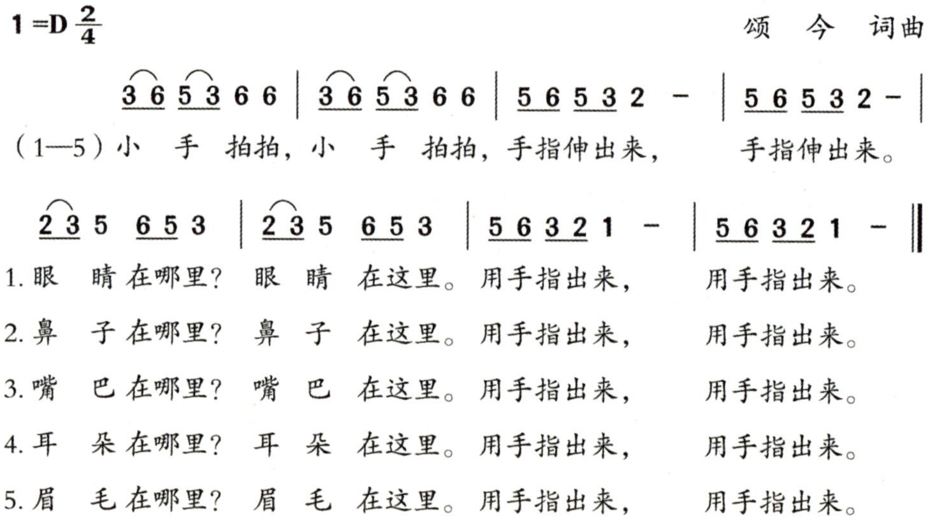

拍手点头

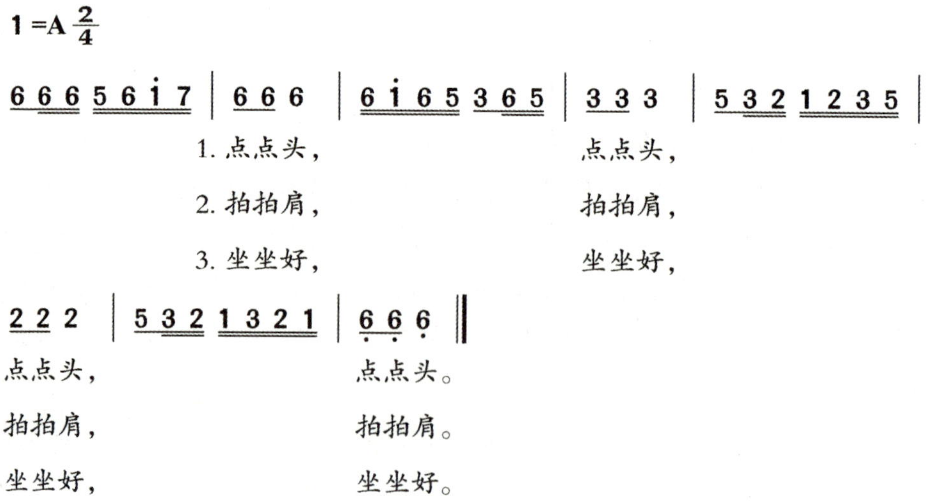

（注：歌词可以根据自己的需要自由替换。）

（三）延伸式过渡

延伸式过渡是指基于幼儿的兴趣，对上一个活动内容进行的延伸。例如歌唱活动后，幼儿还意犹未尽，教师就可以在过渡环节中引导幼儿继续自由哼唱。教师可以通过观察、倾听，适当地提供指导或帮助。

（四）迁移式过渡

迁移式过渡是指教师引导幼儿将前一个活动习得的知识或技能迁移到后一个活动中，作为后一个活动的引入或开始部分。这样的过渡，能激活幼儿已有的经验，调动他们的兴趣、积极性；而且，在后续的学习中，幼儿也会将积极性延续下去，自然地迁移并利用已有的知识和经验，建构更完整的知识和经验体系。例如幼儿认识了正方形之后，教师在开展长方形的学习活动前，先引导幼儿复习正方形的特征，而后再出示长方形，让幼儿比较它们的异同点。此时，幼儿就会迁移对正方形已有的认知，比较正方形和长方形的四条边与四个角。这样的学习更轻松、有效。学习了正方形和长方形之后，幼儿还可以在区域活动中利用学习的知识，寻找合适的材料，摆出不同的正方形和长方形。

三、过渡环节常见的问题及应对策略

一些教师往往将过渡环节看作是满足幼儿生理需要的生活活动，没有重视发挥过渡环节应有的作用，常常使过渡环节走向以下两个极端。一是教师的高控状态——卫生间不在活动室内的园所，有的教师怕幼儿调皮，就指挥幼儿：“不管有没有小便，都跟老师一起去，有小便的进去拉，没有小便的排队等待。”二是教师的放任自流状态——卫生间在活动室内的园所，教师常常在过渡环节让幼儿自由如厕、喝水、玩耍，不干涉也不引导，导致一些幼儿无所事事。这两种情况都存在幼儿消极等待的现象。第一种情况下，幼儿在教师的高控状态下整齐划一地活动，身心难以得到放松，部分不需要如厕的幼儿更是浪费了时间；第二种情况下，幼儿看似比较自由、放松，但教师不干涉也不引导，会错失很多教育契机。

（一）过渡环节中常见的问题

1. 步调一致，浪费时间

“所有人都排队，跟老师一起上厕所。”“第一排小朋友先去喝水，喝完第二排去，其他的小朋友坐在椅子上等一下，他们喝完再去。”……在幼儿园里常常听到这样的指令。幼儿的表现呢？有些没有小便的幼儿心不甘情不愿地拖拉着步子跟在队伍后面磨蹭着，教师一再催促“跟上”；坐在椅子上等待的幼儿，无所事事地趴在椅背上……虽然这样的组织方式，幼儿确实很安静，不吵闹，也不容易发生意外，但这样的方式严重浪费了幼儿的时间。《纲要》中指出：“尽量减少不必要的集体行动和过渡环节，减少和消除消极等待现象。”这种没有必要的“集体行动”是《纲要》中所竭力避免的。

2. 负面制止，师幼俱疲

“不许在班上跑！”“赶紧洗手，不许玩水！”“不许在厕所玩！”“不要站在椅子上！”……我们都知道，幼儿的教育要以正面引导为主，避免过多的负面指令。教师这么多“不要”与“不许”并不能使班级常规良性化，反而会让幼儿产生束缚感甚至是逆反心理，而教师在此过程中也觉得身心俱疲。正如《纲要》所言，要“建立良好的常规，避免不必要的管理行为，逐步引导幼儿学习自我管理”。教师在过渡环节中也要注意直接引导与间接引导相结合，以正面引导为主，“成为幼儿学习活动的支持者、合作者、引导者”。

3. 顾此失彼，危害健康

一些教师在一日活动中已经意识到要减少幼儿时间的隐性浪费，减少不必要的等待环节，于是采用了这样的方法：“先吃完饭的小朋友可以去玩老师准备的新玩具。”“先喝完水的小朋友可以先去挑书看。”……事实证明，这种方法的确有效地避免了消极等待的情况，也能促进幼儿积极性的发挥，但部分幼儿为了玩新玩具，狼吞虎咽地吃完饭，为了看喜欢的书，应付式地喝一点点水……这样的现象有悖于幼儿身心健康发展规律，长此以往，既不利于幼儿身心健康，也不利于幼儿良好生活习惯的养成。

4. 考虑不周，安排欠佳

过渡环节活动的开展要考虑到时间、空间因素。一些教师在幼儿晨间入园时安排先来的幼儿玩建构游戏，但由于马上要进行晨间的户外锻炼了，幼儿操作的时间非常短，而建构活动需要的时间比较长，幼儿常常在建构作品还未成型或想法刚刚成熟时就被教师强行打断，不得不放弃手中的建构活动，长此以往，不利于幼儿专注力的培养。

（二）过渡环节的指导策略

1. 来园到晨间户外活动前的过渡

（1）个别沟通，及时进行情绪疏导

晨间入园，幼儿一般比较分散，不会集中在一个时间点，这为教师与个别幼儿的相处创造了足够的条件。这个时间段，教师有足够的时间与幼儿沟通，可以聊一聊前一天家里发生的事、自己路上的见闻甚至是自己的突发奇想……通过与个别幼儿的交谈，教师可以更好地了解幼儿，既有利于建立良好的师幼关系，又能锻炼幼儿的语言组织能力、表达能力，同时还能针对幼儿的一些情绪问题，及时地疏导与适时地引导。

豪豪的妈妈去照顾生病的外婆，豪豪很想念妈妈，情绪一直很低落。在晨间入园时，教师就拉着豪豪，让他坐在自己的腿上，听他讲讲心中的思念，然后告诉他："老师知道妈妈离开这么多天，豪豪一定会很想妈妈的。可是外婆生病了，需要人照顾，我们豪豪也很爱外婆，也希望外婆快点好起来。等外婆病好了，妈妈就回来了。豪豪如果想妈妈了，老师可以像妈妈一样抱抱你。豪豪是个小男子汉了，不要让妈妈担心哦！"豪豪听了似懂非懂地点点头。第二天，豪豪早早地来园，一进来就奔向教师："老师抱我一下。"教师微笑着拥抱了他，还在他的脸上轻轻地亲了一下，豪豪满足地笑了。直到很多天后，妈妈回来了，豪豪就再也没有闹过情绪。

（2）幼幼互动，促进幼儿的社会性发展

晨间来园，幼儿除了跟教师互动交流之外，也喜欢三三两两地凑在一起说说自己的见闻或是家里的事情，有时是边摆弄手里的玩具边交流，有时是交流共同感兴趣的动画片……此时，教师要做的就是不去打扰他们，让他们自由地交流。

阿羿小朋友平常很少讲话，但对动画片很感兴趣，只要同伴一聊到动画片的内容，他就会在不知不觉间加入话题，说一说动画片里的剧情，评论一下剧中的人物，模仿一下人物的动作。渐渐地，同伴喜欢与他交流了，他也渐渐融入了同伴的圈子。

幼儿的语言能力是在运用中得到提高的，幼儿的社会性经验是在交往中发展的。同伴交往对幼儿发展具有极大的价值。过渡环节为幼儿创造了很好的交流机会，有利于提高幼儿的语言表达能力和社会性发展水平。

2. 两个集中教育活动间的过渡

两个活动之间，幼儿需要如厕、洗手、喝水。此时的过渡是短暂的，宜让幼儿稍微放松一下，再立刻进入活动状态。因此，此时的过渡不宜让幼儿过于兴奋。

（1）延伸式过渡

两个活动间可以采用延伸式过渡的形式，通过对上一个活动内容的延伸，使幼儿顺利进入下一个活动。例如在每次的歌唱活动结束后，幼儿总会在去如厕的路上边走边哼刚学的歌曲，让身心得到放松。“走走走走走，我们小手拉小手，走走走走走，一同去郊游……”刚学完儿歌《郊游》，幼儿手拉着手去卫生间，仿佛是去郊游一般高兴。学完儿歌《小海军》，幼儿排着整齐的队伍，喊着“一、一、一二一”的口号，一路前进……这些过渡活动既是前一个活动的延伸，又是幼儿自发的游戏活动；既能让前一个活动的经验得到巩固、运用，又能让幼儿得到休息、调整。

案　例

歌声伴我前行

由于我们的活动室与卫生间距离比较远，每次带幼儿上卫生间都是一件很头疼的事。幼儿在路上总喜欢推推搡搡，或是去动别人班级窗台上、墙面上的东西，不是这个幼儿被推倒了，就是那个东西被弄坏了。所以每次上厕所时排路队，我们总是要求幼儿把手搭在前一个幼儿的肩上，或拉着前一个幼儿后面的衣服，但即便是这样，幼儿还是走不好，有的踩到前一个幼儿的鞋子，有的推倒了别人……这样的现象，令教师头疼不已，幼儿也时刻被约束着，很不舒服。

一天，正在走路队的过程中，我不经意间哼唱起了晨间幼儿园播放的音乐，没想到幼儿的注意力都被我的歌声吸引了。他们会无意识地跟着我的音乐节奏行走，有的还会跟着唱，推搡的现象明显减少了。我带得轻松，幼儿跟得开心。

有了这一发现之后，我们的路队活动就变得异常有趣了。有时，我们排好队后，我会征求幼儿的意见："我们要唱什么歌呢?"幼儿会兴致勃勃地点唱自己学过的歌曲，这一过程既可以让排队整齐、愉快，又可以复习歌曲。有时，我还会根据幼儿的路队情况进行一些问答式的音乐游戏，例如："小手小手在哪里?""走路要学什么动物?（小花猫）脚步轻轻静悄悄。"……用这样问答的形式将常规融入音乐，幼儿更易于接受，气氛也很愉悦，可谓一举多得。

在餐后带幼儿散步的时候，我们也会将沿途看到的风景随机地编入歌曲中，可以利用学过的歌曲曲调进行歌词的改编，也可以是很随意地自由发挥。久而久之，幼儿受到感染，也时不时会冒出几句自编的歌词，真是有趣极了！

歌声对大多数人而言具有一种魔力，每个人都喜欢听歌，都容易受歌曲情绪的感染。因此，合适的音乐能渲染气氛、凝聚人心，对过渡环节及教育教学活动都能起到隐性的指令作用。教师要善于利用音乐，发挥音乐的作用，让歌声伴幼儿一路前行。

图 9-3　路队活动 1①

图 9-4　路队活动 2

① 本图片由泉州幼儿师范高等专科学校附属东海湾实验幼儿园提供。

(2) 信号式过渡

两个集中教育活动之间可以利用信号式过渡，使幼儿从前一个活动过渡到后一个活动中。如我们常常可以看到，闹哄哄的班级中，幼儿各自做着自己喜欢的事情，有的大声聊天说笑，有的甚至还在活动室外，但只要一听到固定信号的钢琴声，他们就会立马改变状态，跟着音乐进行拍手、唱歌等活动，这就是音乐信号的魅力。幼儿对固定的音乐已经形成条件反射，一听到这种音乐，就会做出相应的反应。

因此，在由动到静或由静到动的活动过渡中，可以用音乐、琴声等幼儿已形成条件反射的信号来组织幼儿过渡，这样能帮助幼儿快速转换情绪和行为状态，立即兴奋或迅速安静。

3. 点心、午餐前后的过渡

一日活动中一般会有三次和食物有关的环节：早点时间、午餐时间和午点时间。在这些环节的过渡中，教师可以开展与食物相关的活动，让幼儿了解与食物相关的知识。

(1) 点心或午餐之前，教师可以通过活动激发幼儿的食欲

教师可以通过自编的韵律游戏，用幼儿熟悉的旋律带领幼儿边唱边做动作，激发幼儿的食欲。

链　接

师幼一边唱《小肚子饿不饿》，一边一起做相应的动作。

小肚子饿不饿（摸摸肚子）？好饿（摊开双手）。

饭菜汤香不香（吸吸鼻子）？好香（耸耸肩膀）。

小嘴巴想吃吗（咂咂嘴巴）？想吃（舔舔嘴巴）。

那就赶快洗手去（搓搓小手），洗手（幼儿搬、放好椅子去洗手）。

在午餐、点心之前，教师也可以介绍食谱，或让幼儿观察食物，或请个别幼儿向全班幼儿介绍今天食物的名称、形状、颜色、味道等，激起幼儿对食物的兴趣。这一环节既可以调动幼儿的食欲，为接下来的进餐环节服务，又可以培养幼儿的观察能力、表达能力。

（2）点心或午餐后，教师可以让幼儿自主选择活动

幼儿进餐的速度总是快慢不一，进餐之后如何进行过渡呢？我们认为就像绘画中需要留白一样，生活中也需要留白，这样才能满足幼儿不同的需求，让幼儿的自主性得到更好的发挥。点心后、午餐后的时间比较长，幼儿可以做自己想做的事，可以选择安静地捧着一本书欣赏、阅读，可以与同伴三三两两地闲聊，可以一起观察某一个感兴趣的现象或事物，可以一起玩一玩合适的游戏……

案例

柜子上的彩虹

每次吃点心的时候，幼儿总是有快有慢。今天的点心环节也一样，先吃完的幼儿有的到阅读区拿本书安静地看书，有的将椅子搬到中间与同伴讲着悄悄话……琪琪、乐乐、东东吃完后，一起来到了窗户边。由于太阳很大，他们将窗帘合上又拉开，感受太阳的光线。突然，琪琪惊讶地发现："彩虹！你们看柜子上有彩虹！"他的惊呼声引来了乐乐、东东的注意。他们也赶忙凑过去看："真的呀！"越来越多的幼儿围了过来。幼儿兴致勃勃地欣赏着，议论着。我也好奇地跟过去看，幼儿马上你一言我一语地将发现告诉了我。我一看："真的呀！区域柜上怎么会有彩虹呢？"一句话将幼儿带入了深思中。微微说："下雨后会有彩虹。"其他幼儿表示："可是，今天又没下雨。""而且这彩虹是在班上，又不是在天空中。"……微微的答案马上被其他幼儿否定了。那什么原因会让班级的区域柜上出现彩虹呢？幼儿开始仔细观察并寻找原因。琪琪突然发现："老师，会不会是太阳照在窗户玻璃上，然后射到了这里，就有彩虹了？"乐乐马上质疑："那为什么太阳照到那边的窗户玻璃却没有彩虹呢？""是啊，为什么呢？"我也装出疑惑的样子。幼儿都陷入了沉思，观察、比较着两边的不同……东东突然兴奋地叫起来："我知道了，这边柜子上有彩色笔，太阳照在彩色笔上就有彩虹了。"有的幼儿提出疑问："可是彩色笔在这边，彩虹怎么在它的前面呢？"有的幼儿则做

出分析："一定是太阳光射在彩色笔上，又被彩色笔挡住反射了回来，就射在柜子上，变成彩虹的颜色了。""对对对，一定是这样的。"……幼儿通过自己的观察，你一言我一语地讨论，终于解开了柜子上彩虹的秘密。

在过渡时间，教师既要保证幼儿的安全，又要给幼儿自主活动的空间。在这段时间里，幼儿可以根据自己的需要或兴趣做自己想做或喜欢做的事情。此时也是许多活动的生成期，就如案例中幼儿发出的疑问——柜子上怎么会有彩虹呢？当幼儿自主生成某一活动时，教师要引发幼儿积极思考、探索、讨论，而不要将答案直接告诉幼儿，要注意保护幼儿的好奇心、探究欲，引导幼儿通过自我探究来答疑解惑。如果幼儿一时找不到答案，教师可以让幼儿带着问题回家查资料，第二天再利用餐前、餐后或来园、离园的时间交流分享。这样的生成活动才能让幼儿得到锻炼，这样掌握的知识才更深刻，幼儿得到的成就感才更强烈。

案例

走廊里的"秘密"

每天午饭过后，幼儿就会搬着小椅子坐在走廊上看书、休息。于是，走廊里就藏了许多幼儿的"秘密"。

情景一：游戏"悄悄话"

这一天，由于天气阴暗，我让幼儿将书本收起来，一起来玩"悄悄话"的游戏。幼儿都很乐意。小涵争着要当第一个传话人，我也应许了。幼儿一个跟着一个传着话。由于队伍太长，前面的幼儿还能耐心等待，而坐在后面的幼儿就等得有点焦躁不安了。当话传到最后一个幼儿时，我问他："刚刚小朋友传的话是什么？"最后一个幼儿说："他一直嗡嗡嗡的，我不知道他说了什么。"在这次游戏中，我并没有介入，而是引导幼儿自己组织、完成这个游戏。根据本班幼儿的实际情况，大部分幼儿属于躁动型，活动时注意力不集中。于是，我抓住这次契机，让幼儿意识到自己的问题，并利用游戏培养幼儿的专注力，践行"玩中学"的理念，希望幼儿在游戏中不仅能够得到快乐，更能够学会耐心等待。很多时候幼儿会因为一次又一次地失败，或是得不到自己想要的东西，便失去耐心，甚至开始动手打人。因此，我想借助这个游戏，去一点点地改变幼儿的习惯。

情景二：对不起，请你原谅我！

今天小涵犯错误了，当我看到时，幼儿已处于拉扯状，小月哭了。小涵发现我看到了这情景，而且女生还哭了，心里有点害怕。于是，我说道："小涵，这事你自己来解决。"说完，小涵就一直对小月说："对不起，对不起，我不是故意的。"可是，小月还在哭，没有要原谅他的意思。这时，只见小涵迅速跑走了，我正纳闷为什么小涵不去好好道歉而是跑走时，突然他从活动室里迅速跑出来，手上还拿着纸巾，开始小心翼翼地给小月擦眼泪，还轻声细语地说着："对不起，我真的不是故意的，请你原谅我，好吗？"看到小涵的诚意，小月也就不哭了，原谅了他。我没有介入幼儿之间的小摩擦，而是让幼儿自己解决，让幼儿懂得在自己做错事时，要诚恳地道歉，并学会相互体谅。在幼儿的日常生活中，也常常发生这种"小插曲"。如果一味地由家长、教师去支配幼儿解决问题，那么幼儿在这方面就会产生依赖性，一旦做错事情，就不会主动道歉。我想做个"懒"老师，把更多的权利归还给幼儿，让幼儿自主解决一些小事。

嘘！走廊里的"秘密"还在继续……

4. 午睡前后的过渡

幼儿午餐后到午睡前有一段过渡的时间，教师通常会带幼儿到园内散散步，或是带幼儿坐在走廊上看看书、聊聊天，让幼儿自由地玩一玩简单的游戏。在幼儿上床到入睡这段过渡时间里，教师常常会播放柔和的音乐或睡前故事。幼儿午睡起床后，需要穿衣、叠被等，在这一过渡时间里，教师既要提供必要的帮助，又要支持幼儿提高生活自理能力。

（1）散步中的发现——幼儿身上的闪光点

瑞瑞比较文静，也不爱表现自己，但他对小动物情有独钟。餐后睡前的时间里，我们散步到幼儿园的花圃边，瑞瑞第一个发现花圃中有很多小蜗牛。他高兴地喊起来："蜗牛，我找到蜗牛了。"说着，就伸手去抓起一只蜗牛，仔细观察了起来。其他幼儿闻讯也纷纷围了过来："蜗牛身上怎么有壳呀？""它头上的触角有几对呀？""蜗牛喜欢吃树叶吗？"……幼儿们你一言我一语地向瑞瑞提问。一时间，瑞瑞成了焦点人物，他略带羞涩地一一回答着同伴们的提问，渐渐地，他越讲越自信，声音也渐渐变大……直到回寝室，幼儿还有很多关于蜗牛的问题要瑞瑞解答。欣欣说："瑞瑞，你怎么知道这么多呀？"瑞瑞说："我家里有很多本关于蜗牛的书，我爸爸给我买的。"于是，我微笑着说："那你愿意把你的书带来跟大家一起分享吗？""可以。"瑞瑞开心地回答着。离园时，我将这一情况跟瑞瑞的爸爸进行了沟通，希望瑞瑞的爸爸今晚回家帮助瑞瑞熟悉书本的内容，让他明天给同伴介绍书上的知识，以此为突破口，让瑞瑞更自信起来，同时也锻炼其语言表达能力，促进其社会交往能力的发展。瑞瑞的爸爸听后非常高兴，表示一定配合幼儿园帮助瑞瑞成长。第二天，瑞瑞果然把书带来了。他虽然还有点紧张，但可以看出他是有备而来的。他轻轻地翻开书，一幅图一幅图地介绍着蜗牛的知识，渐渐地沉浸在自己的蜗牛世界中。此时的瑞瑞呈现出的是自信与从容。从此以后，瑞瑞成了我们班的"蜗牛大王"，大家只要有关于蜗牛的疑惑都来问瑞瑞。瑞瑞的朋友在不知不觉间变多了。慢慢地，其他活动时，也总有一些幼儿爱追随瑞瑞，跟瑞瑞合作。

在过渡环节中，幼儿的活动比较自由、自主。教师要善于观察，发现幼儿身上的闪光点，寻找教育的契机。特别是像瑞瑞这样比较内向、文静、平常不善于表达自己的幼儿，教师可以以幼儿身上的闪光点为突破口，通过家园配合，促进幼儿各方面能力的发展。

（2）走廊上的游戏

午餐后，先吃完的幼儿经常三三两两地将椅子搬到走廊上。天天、琪琪、姗姗等几个幼儿最近迷上了"顶小伞"游戏：天天将手掌打开做成小伞状，其他几个幼儿分别竖起一根食指顶在"小伞"下，他们一起念着"小伞小伞快快合上"。天天赶紧将"小伞"合拢去抓他们的食指，顶"小伞"的幼儿则赶紧将食指抽回去。就是这么简单的游戏，不管抓到还是没抓到，幼儿都会发出一阵开心的笑声。

有时，幼儿还会自己发明一些简单的小游戏。此时，教师不必过多地干预，让幼儿在自我协调中体验快乐，发展社会交往能力。

（3）午间小故事

在入睡前，幼儿需要渐渐地安静下来。此时，故事无疑是最好的过渡。教师可选择一些温暖的故事，以轻柔的声音将故事娓娓道来，让幼儿渐渐沉静下来，进入梦乡。《小猪闹闹》《一口袋的吻》《一只与众不同的乌鸦》《彩虹色的花》等故事都很适合用作午间小故事讲给幼儿听。

（4）起床帮帮团

起床音乐响起时，乐乐很快就穿好衣服、叠好被子。婼婼却提着被子的一角，抖来抖去就是抖不开。乐乐看见了，主动过去帮她提起了另一头被子。在两个人的合作下，被子很快就叠好了。两个人一起高高兴兴地出去喝水了。

幼儿的能力有强有弱。有的幼儿生活自理能力非常强，完成自我服务后常常无事可做；有的幼儿却无法独立完成自我服务。此时教师要顾及全体的幼儿，无法一个个地帮助他们。教师除了请保育员配合外，还可以请能力强的幼儿展开幼幼之间的互助活动。例如，有教师开展了“起床帮帮团”活动，让先完成自我服务的幼儿，去帮助其他有困难的幼儿。无论是提供帮助的幼儿还是被帮助的幼儿都很高兴，都有了成就感。

5. 户外活动前后的过渡

这里户外活动指的是幼儿从活动室到户外的活动。以往的集中方式通常是教师摇一摇铃鼓，幼儿就争先恐后地往前挤，每个人都想当排头兵，教师只能不断地劝阻：“排前面后面都一样的，不要挤。”或者就直接指定谁排在第一。这样的集中方式，无趣又生硬。如何让集中排队变得有趣呢？其实，教师可以尝试多种极具教育价值的方法。

找特征当排头兵：教师可以根据幼儿衣服的颜色，请当天穿红（黄、蓝、绿等）色衣服的幼儿排第一；根据出生月份，请 3 月份出生的幼儿当排头兵；根据姓氏，请姓王的幼儿当队长……当然，教师每次可以说不同的特征，这样就能让每个幼儿都有机会当排头兵。

按高矮排队：这个方法能将幼儿所学运用到生活中，真正实现“数学源于生活，又用之于生活”的教育理念。这个活动可能会导致一些喧闹和困惑，但它有助于幼儿对量的概念的掌握。当幼儿学习过高矮排序后，教师可以在出发前让幼儿自己在门口从矮到高或从高到矮排成一列。这样的方式既增加了外出集合的趣味性，调动了幼儿的积极性和自主性，避免幼儿在无序的情形下只是单一地听从教师的命令进行集合，又促使幼儿迁移了集中教育活动中的知识和经验，实现了知识和经验的整合、运用。

当幼儿集合走出活动室后，教师可以根据不同的锻炼目标，因地制宜地引导幼儿开展走、跑、跳等活动，自然地过渡到户外的活动。教师可以在操场上用白线画一些斑马线和调头的符号，带幼儿跳一跳斑马线，根据调头符号跑一跑，最后跑到活动场地上。幼儿非常喜欢这样的形式，同时又能很自然地过渡到热身运动中。

过渡环节包含的教育契机其实远不止上述这些。由于它简便、灵活，幼儿间的交流也比较自由，教师很容易观察到幼儿生活的常态，从中发现幼儿生活中具有的共性问题和兴趣点，并由此生成教育活动。

生活处处皆教育。寓教育于一日生活中，要求我们把握好过渡环节，积极利用这一环节，促进幼儿的成长。

本章练习题

1. 指导过渡环节应遵循的原则有哪些？

2. 过渡环节的指导形式有哪些？

3. 过渡环节中常见的问题有哪些？请结合实际谈谈指导过渡环节的策略。

参考文献

高岚编著：《学前教育学》，广东高等教育出版社 2001 年版。

黄人颂编：《学前教育学参考资料》（上、下册），人民教育出版社 1991 年版。

黄锐主编：《幼儿行为分析与教育对策》，中国轻工业出版社 2012 年版。

李季湄、肖湘宁：《幼儿园教育》，北京师范大学出版社 1997 年版。

牛遇山编：《实用幼儿园管理》，东北师范大学出版社 1988 年版。

宋文霞、王翠霞编：《幼儿园一日生活环节的组织策略》，中国轻工业出版社 2012 年版。

吴文艳编：《幼儿园一日生活过渡环节的组织策略》，中国轻工业出版社 2014 年版。

虞永平编著：《学前课程与幸福童年》，教育科学出版社 2012 年版。

边素珍、刘爱月：《幼儿营养与饮食教育要常抓不懈》，《教育导刊·幼儿教育》2006 年第 7 期。

崔荣华：《家园配合　共同做好幼儿入园前的准备》，《幼儿教育》2000 年第 Z1 期。

顾英：《幼儿午睡护理策略摭谈》，《山东教育》2011 年第 Z3 期。

郭华健：《离园活动的观察和思考》，《高等函授学报（哲学社会科学版）》2011 年第 12 期。

马丹君：《幼儿园午睡存在问题及对策分析》，《读写算（教育教学研究）》2015 年第 16 期。

马玲：《小班幼儿新入园分离焦虑的原因及对策研究》，《中国校外教育》2015 年第 3 期。

欧新明：《幼儿健康教育基本理论要素的探讨》，《学前教育研究》2001 年第 3 期。

苏星：《小班幼儿分离焦虑及缓解措施》，《当代学前教育》2016 年第 3 期。

唐学丽：《浅谈如何缓解新入园幼儿分离焦虑》，《科教导刊》2013 年第 10 期。

王雅红：《幼儿一日活动中过渡环节的实施策略》，《课程教育研究》2013 年第 28 期。

王占霞：《幼儿在园午睡问题及对策研究》，《学周刊》2011 年第 9 期。

杨晓静：《幼儿园午睡问题的调查研究——兼议幼儿园午睡时间改革》，《山东教育》2011 年第 Z6 期。

杨艳萍：《幼儿午睡管理策略谈》，《甘肃教育》2011 年第 15 期。

叶平枝、容喜、温嘉贤：《幼儿教师日常教学非言语评价行为的现状与问题》，《广州大学学报（社会科学版）》2011 年第 3 期。

张华英：《幼儿园常规教育中存在的问题与反思探讨》，《成才之路》2012 年第 27 期。

赵帅：《如何帮助小班幼儿度过分离焦虑期》，《课程教育研究》2019 年第 11 期。

周琼：《“离园前活动”是不可忽视的教育环节》，《教育导刊（幼儿教育版）》1998 年第 5 期。

马灵灵：《幼儿消极等待现象研究》，硕士学位论文，河南大学，2011 年。

后　记

教育部2022年颁布的《幼儿园保育教育质量评估指南》，把卫生保健、生活照料、安全防护作为“保育与安全”的三个关键指标，而且在“一日生活皆课程”的理念之下，幼儿园生活活动的教育功能更加凸显。幼儿园生活活动既是隐性课程，也是管理服务，是“保教结合”原则落地之处。当前城乡幼儿园办园质量参差不齐，部分乡镇幼儿园或民办幼儿园在生活活动的组织与实施方面不够规范。编写《幼儿园生活活动指导与实施》一书，是为了切实帮助并促进乡镇幼儿园以及民办幼儿园生活活动的规范化和科学化。

本书立足于乡镇幼儿园的生活活动实践，重视结合幼儿园具体实践中的典型案例和实操规范，主要从幼儿园生活活动概述、环境创设、活动常规、具体生活环节（入园、餐点、盥洗、午睡、离园、过渡）的指导着手，凸显实用性和可操作性，避免“高大上”的说教；同时，改变传统的幼儿园保育视角，以期引导幼儿教师从保教结合的角度认识并理解幼儿园生活活动及其指导策略，有效提升班级保教质量和幼儿园办园质量。

全书共九章，由本人担任主编、连江县实验幼儿园连希园长担任副主编，参编人员除本人和连希外，还有钟玉巧、于爱丽、林玉玲、邱慧灵、郑燕飞、王玉林、林春艳、夏秀娟等。全体参编人员在自身丰富的实践工作经验的基础上，有针对性地收集并选择实操案例，其间就具体写作内容进行了多次研讨。

与各位老师一起写作的过程，也是一段充实而有意义的教研过程。在此，对各位老师表示最衷心的感谢！

福建师范大学教育学院李涛

2023年5月

图书在版编目（CIP）数据

幼儿园生活活动指导与实施 / 李涛主编．--福州：福建人民出版社，2024.4

（“金教鞭”丛书）

ISBN 978-7-211-09187-4

Ⅰ.①幼…　Ⅱ.①李…　Ⅲ.①学前教育—教学参考资料　Ⅳ.①G613

中国国家版本馆 CIP 数据核字（2023）第 195807 号

幼儿园生活活动指导与实施

YOU'ERYUAN SHENGHUO HUODONG ZHIDAO YU SHISHI

主　　编：李　涛
责任编辑：赵　玮
助理编辑：叶保娇
责任校对：陈　璟
出版发行：福建人民出版社　　**电　　话**：0591-87533169(发行部)
网　　址：http://www.fjpph.com　　**电子邮箱**：fjpph7211@126.com
地　　址：福州市东水路 76 号　　**邮政编码**：350001
经　　销：福建新华发行（集团）有限责任公司
印　　刷：福建新华联合印务集团有限公司
地　　址：福州市晋安区福兴大道 42 号
电　　话：0591-88208420
开　　本：700 毫米×1000 毫米　1/16
印　　张：10
字　　数：164 千字
版　　次：2024 年 4 月第 1 版
印　　次：2024 年 4 月第 1 次印刷
书　　号：ISBN 978-7-211-09187-4
定　　价：35.00 元

本书如有印装质量问题，影响阅读，请直接向承印厂调换。